돈 버는
경제 상식
BEST 10

주식 초보가
꼭 알아야 할

돈 버는
경제 상식
BEST 10

권순우 지음

포레스트북스

성공 투자를 위한
가장 똑똑한 첫 스텝

혼자서는 너무나도 힘든 주식 투자

유튜브를 보는데 주식 상담을 해주는 콘텐츠가 있더군요. 어떤 이야기를 하는지 문득 궁금해서 살펴봤습니다. 사람들이 자기가 산 주식 종목을 이야기하면 전문가 분들이 언제 얼마에 팔라고 이야기를 해줬습니다. 산 가격보다 떨어졌으면 기다리면 될 거라고 따뜻하게 위로했고, 산 가격보다 올랐으면 얼마가 되면 팔라며 잘했다고 응원해줬습니다. 상담을 의뢰한 분들은 대부분 만족하시더군요.

그러나 아무리 전문가라고 해도 2000개가 넘는 종목을 모두 파악하고 있을 수는 없습니다. 차트에 선 몇 개 긋는다고 단기 주가를 맞출 수는 없습니다. 그럼에도 사람들은 왜 이런 정보들에 의존해 소중한 재산을 투자할까 하는 생각이 들었습니다.

그 이유는 주식 투자는 혼자 하기에 너무 어렵기 때문입니다. 용어도 어렵고 제도도 복잡합니다. 또 막대한 자본력과 정보력으로 무장한 전문 투자자들과 동등하게 참여해야 합니다. 공부를 열심히 한다고 좋은 투자 수익률을 담보하는 것도 아닙니다. 부동산은 전문가가 아니어도 역세권, 학군, 지역 상권 등 살아보면 알 만한 입지에 대해 체감적으로 알 수 있습니다. 하지만 주식은 어떤 회사인지도 모르면서 사는 경우가 꽤 많습니다.

그러다 보니 자연스럽게 정치 테마주에 눈길이 갑니다. 테마주 투자가 위험하다는 건 압니다. 그러나 다른 주식은 누군가 나보다 미리 정보를 알고 투자하는 것 같은데 정치 테마주는 정치인의 지지율에 따라 움직이니, 누구도 결과를 모르고 투자하는 것 같습니다. 또 골치 아픈 시장 분석을 할 필요 없이 자기만의 정치 분석을 토대로 투자를 하면 됩니다. 결국에는 지지율과 주가가 일치하지 않는다는 걸 알면서도 테마주에 눈길이 가는 이유입니다.

맥락을 이해해야 주식 투자가 쉬워진다

가까운 지인에게 추천해주기 위해 주식 기본서를 몇 권 찾아봤습니다. 재밌는 비유와 간단한 수식, 화려한 그래픽으로 최대한 쉽게 쓰기 위해 노력한 책들이 많았습니다. 그러나 쉽게 설명한 것을 단순히 읽어낸다고 실제로 투자에 도움이 될까 하는 고민이 들었습니다.

저는 경제 기자입니다. 주식 투자 전문가는 아닙니다. 어떤 주식의 주가가 오를지 맞추는 일을 하지는 않으니까요. 하지만 투자자들이 투자에 참고할 만한 정보를 전하고, 전문가들의 의견을 전달하는 일을 합니다. 제가 하는 일에 있어 중요한 것은 시장에서 관심을 가질 만한 가치 있는 정보를 파악하는 일입니다. 또 전달할 가치가 있는 전문가들의 인터뷰를 따내는 일을 합니다.

정보는 기승전결이 완벽한 형태로 주어지지 않습니다. 조각조각을 맞춰 그림을 만드는 퍼즐에 가깝습니다. 파편화된 정보를 가지고 다른 퍼즐이 뭐가 있을까를 추측해 확인하는 것이 취재의 과정입니다. 주식 투자에 입문하려면 공개돼 있는 기사와 공시 등을 해석할 수 있어야 합니다. 이를 위해서는 기본적인 제도와 용어, 산업 동향을 알아야 합니다. 그 맥락을 이해해야 할 수 있는 일입니다.

단순 암기보다 적용할 줄 알아야 한다

매우 복잡해 보이는 주식 관련 용어, 제도들은 역설적으로 더 편리하고 정확하게 세상을 파악하기 위해 만들어졌습니다. 최대한 쉽고 효율적으로 만들어진 시장의 언어는 처음 보는 사람에게는 낯선 외계어로 느껴집니다. 따라서 단순히 용어를 외우는 식으로 접근하면 외우기도 힘들고 실제로 써먹을 수가 없습니다.

예를 들어 '유상증자'라는 단어를 외우는 것은 투자에 큰 도움이 안 됩니다. 기업이 왜 유상증자를 하는지 이해를 해야 이 일이 호재인지 악재인지 알 수 있습니다. 또 'PER'이라는 지표를 이해하고 외우는 데 그치지 않고, 내가 투자하려는 기업의 PER은 몇 배가 적정한지 판단할 줄 알아야 투자에 도움이 될 수 있다는 거지요.

시장과 산업에 대한 이해 역시 필수

주식은 중고거래입니다. 신제품은 만든 기업이 가격을 정해서 팔지만 중고거래는 사고파는 사람끼리 가격을 정합니다. 원래 이 제품이 얼마인지도 중요하지만 시중에 얼마에 거래가 되는지가 더 중요합니다. 애널리스트는 시장의 길잡이가 되어 주는 중요한 참가자입니다. 펀드 매니저는 내 돈을 맡아 운영해줄 조력자입니다. 외국인은 어떤 패턴을 보이는지, 작전세력은 어떤 식으로 투자하는지 알면 시장에 대한 이해도를 높일 수 있습니다. 시장을 이해한다는 것은 결국 다른 시장 참여자들을 이해한다는 말과 같습니다.

이와 함께 산업을 분석하는 기본적인 틀에 대해 전해드리고 싶었습니다. 단기적으로 보면 시장은 불규칙하게 움직이지만 산업별 특성은 큰 틀에서 일정한 흐름을 보입니다. 전문 투자자들은 대부분 현재 산업군이 어떤 흐름 속에 있는지 알고 단기 시장에 대응합니다. 산업별 특성을 모르면 그 기업의 현재 위치에 대해 판단하기가 힘듭니다. 또 기본적인 산업 용어를 알아야 전문가들의 조언을 이해할 수 있습니다.

주식 투자의 밑그림을 그려드립니다

참 정보가 많은 세상입니다. 정보가 없을 때는 정보만 있으면 뭐든 할 수 있을 것 같았는데, 요즘은 정보가 너무 많아서 고민입니다. 어떤 정보가 맞는지 어떤 정보가 필요한지 파악하기도 힘듭니다. 이럴 때일수록 주식시장을 전체적으로 바라볼 수 있는 밑그림이 필요합니다.

무작정 누군가 추천하는 종목을 사는 것이 아니라, 수많은 정보 중에 나에게 필요한 정보가 무엇인지 파악하고 앞으로 어떤 미래가 펼쳐질지 스스로 전망해보는 것이 올바른 투자의 시작입니다. 기초가 탄탄하면 투자를 하는 이유를 알 수 있고 단기 주가가 출렁일 때 의연하게 대처할 수 있습니다. 이 책 한 권이 성공 투자의 지름길이 될 수는 없겠지만 안전하고 상식적인 투자로 향하는 첫 번째 계단이 되면 좋겠습니다.

권순우

| 차례 |

--- BEST 1 ---
주식 초보가 놓치기 쉬운 주식의 기초

BEST 4

돈 버는 기업을 찾는 지표 분석법

BEST 5

모르면 큰일 나는 투자 위기 대처법

주식 초보가
놓치기 쉬운
주식의 기초

도대체 주식이 뭔가요?

주식이란 무엇일까?

주식 투자를 하려면 먼저 주식이 무엇인지는 알아야겠죠. 여러분이 회사를 만든다고 생각해봅시다. 무엇이 필요할까요? 바로, 돈이 필요합니다. 돈으로 사무실도 구해야 하고, 책상도 사야 하고, 직원을 고용하면 월급도 줘야 하니까요. 이처럼 회사를 설립할 때 가장 기본적으로 필요한 사업의 밑천을 자본금이라고 합니다. 그리고 주식이란 바로 이 자본금을 이루는 단위이자, 자본금에 대한 권리가 있음을 알려주는 증표입니다.

그렇다면 주주는 누구일까요? 주식을 가지고 있는 회사의 주인을 주주라고 부릅니다. 주주는 회사를 어떻게 이끌어 갈지 결정할 수 있고, 직원에게 월급을 주고 일을 시킬 수도 있습니다. 회사가 돈을 벌면 그 돈을 어디에 쓸지도 결정할 수 있습니다. 사업을 하기 싫으면 회사를 청산하고 현금화를 할 수도 있습니다. 하지만 주식을 샀다고 해서 모두가 그런 막강한 권한을 갖는 것은 아닙니다.

총선과 대선에서 투표권이 1인당 1표씩 주어진다면, 주식회사의 선거에서는 1주당 1표씩 주어집니다. 주식을 많이 가진 최대주주의 의견이 절대적으로 반영되는 구조이죠. 그러다 보니 소액주주들은 주식이 회사의 지분이라는 것을 체감하지 못합니다. 하지만 경영권 분쟁으로 1표가 소중해질 때면 그제야 주식의 가치를 체감하죠. 2021년에 금호석유화학에서는 작은아버지와 조카가 경영권을 두고 다투는 일이 벌어졌습니다. 1표가 소중하다 보니 각자 소액주주들에게 지지를 당부했고, 이 과정에서 일정량 이상 주식을 보유한 소액주주들에게는 선물세트까지 보내기도 했습니다. 삼성물산과 제일모직이 합병할 때 삼성그룹은 소액주주들의 지지를 얻기 위해 수박을 들고 찾아가기도 했죠.

회사의 '시가'를 알려주는, 시가총액

처음 회사를 설립하면 자본금밖에 없습니다. 자본금이 1억 원이라면 그 회사의 가치는 1억 원이라고 할 수 있습니다. 주식수를 몇 주로 할지는 정하기 나름입니다. 만약 100주를 발행했다고 하면 1주의 가격은 100만 원입니다. 이처럼 가장 처음 설정한 1주의 가격을 액면가라고 부릅니다.

100주(주식수)x100만 원(액면가)=1억 원(자본금)

이처럼 자본금 1억 원으로 시작한 회사가 사업이 잘돼 돈을 많이 벌었다고 하죠. 그러면 회사의 주가도 오르겠죠. 처음 납입한 자본금은 이후에 돈을 많이 벌든 그대로지만 회사의 가치는 점차 높아지고 주가도 올라갑니다. 시가총액은 현재 주가와 발행된 주식의 수를 곱한 값입니다. 만약 1주의 가격이 1000만 원이 되었다면 이 회사의 시가총액은 10억 원인 거죠.

100주(주식수)x1000만 원(현재 주가)=10억 원(시가총액)

예를 들어, 삼성전자는 자본금 7780억 원으로 시작해 현재는 시가총액 470조 원이 넘는 회사가 됐습니다(2021년 5월 26일 기준). 엄청난 성장이죠. 그렇다면 주가는 회사의 가치를 나타내는 절대적인 지표라고 할 수 있을까요? 꼭 그렇지만은 않습니다. 다음 장에서 '주가'에 대해 더 알아봅시다.

주가는
왜 오르는 거예요?

무엇이 주가를 움직일까?

주가는 하루에도 몇 번씩 변합니다. 기업의 본질적인 가치가 1분 1초마다 변할 리 없겠지만 주가는 변합니다. 사실 주가는 파는 사람과 사는 사람이 거래하는 가격에 불과하기 때문입니다. 단기적으로 주가는 수요와 공급에 따라 달라집니다. 산다는 사람이 많으면 주가가 올라가고 판다는 사람이 많으면 주가가 내려갑니다. 때로는 기업의 가치에 비해 비싸게 거래될 수도 있고 싸게 거래될 수도 있습니다. 주가는 기업의 가치와 상관없이 사람들의 기대 심리에 따라 출렁이는 경우가 많습니다. 예를 들어, 한 정치인의 지지율이 높아지면 정치인 관련 테마주의 주가가 오를 것을 기대하며 주식을 삽니다. 또한, 단기간에 가치가 급상승한 급등주에는 사람들이 몰리기 때문에 나보다 더 비싸게 사겠다는 사람에게 팔기 위해 서둘러 삽니다.

그렇지만 중장기적으로 주가는 해당 기업의 실적에 따라 움직입니다. 물론 실적에 비하여 과도하게 주가가 오르기도 하고 때로는 과도하게 저평가를 받기도 합니다. 하지만 실적 차트와 주가 차트를 비교해보면 결국은 비슷한 흐름을 보입니다. 유럽의 전설적인 투자자 앙드레 코스톨라니는 주가를 주인과 함께 산책하는 개에 비유했습니다. 개는 주인과 함께 산책하며 앞에서 갈 때도 있고 뒤에서 따라올 때도 있습니다. 하지만 결국은 주인 곁에서 맴돌고 있다는 의미입니다. 주가를 단기적으로 볼 땐 사람들의 기대 심리에 따라 좌충우돌하는 것처럼 보이지만 결국 기업 가치에 따라 움직이기 마련입니다.

주식은 도박이 아니라 '투자'다

앞서 말씀드렸듯이 주식은 자본금을 형성하고, 주가는 기업 가치에 따라 올라가는 단순한 원리를 따릅니다. 하지만 주식수가 늘어나고 불특정 다수의 투자자들이 거래를 하다 보면 주식이 원래 무엇이었는지에 대해 잊게 됩니다. 하루에도 수십 번씩 주가가 오르내리는 걸 보고 있으면 마치 도박처럼 느껴지기도 합니다.

송선재 하나금융투자 애널리스트는 "좋은 종목 뭐 있어?"라고 묻지 말고 "투자할 만한 기업 뭐 있어?"라고 질문을 바꾸는 것만으로도 주식을 보는 시선이 바뀐다고 합니다. 종목[*]이라고 하면 단기적인 시세차익을 기대하게 되지만 기업에 투자한다고 생각하면 그 기업이 어떤 기업인지 더 관심을 갖게 됩니다.

| 종목 | 주식시장에서 거래의 대상이 되는 유가 증권을 내용과 형식에 따라 분류한 것.

앞으로 같이 살펴보게 될 다양한 주식 이야기는 결국 기업에 대한 이야기입니다. 주식 투자가 어렵고 뭔가 잘 안 풀린다면 기본적으로 내가 투자한 기업에 대해 생각해보세요. 나는 지금 어떤 회사에 투자했는지, 내가 투자한 회사는 어떤 상황인지, 내가 경영자라면 이 시국을 어떻게 돌파할 것인지 생각해보는 거죠. 만약 돌파구가 보이지 않는다면, 회사를 떠나기 힘든 경영자와 노동자와 달리 주주는 과감하게 주식을 매도할 수 있습니다.

 돈 버는 알짜 지식

주식시장과 미인대회는 비슷하다?

경제학자 존 메이나드 케인즈는 주식시장을 미인대회에 비유했습니다. 미인대회에서 승자를 맞추려면 자기가 보기에 예쁜 사람을 고르는 것이 아니라 대다수가 예쁘다고 생각할 만한 사람을 골라야 합니다. 주식도 마찬가지입니다. 남들이 좋아할 만한 주식을 골라야 수익을 낼 수 있습니다.

주식시장에서 미의 기준은 실적입니다. 과거의 실적은 확정적이지만, 미래의 실적은 불확실합니다. 사람마다 미래의 실적에 대한 기대와 전망이 다릅니다. 성공적인 투자를 하려면 많은 사람이 미래가 밝다고 생각하는 기업에 투자해야 합니다. 어떤 기업의 주가가 오를 거라고 믿고 있다면 그것이 혼자만의 생각인지 남들을 설득할 만한 논리가 있는지 살펴보세요.

주식 거래는 어디에서 하나요?

주식 투자의 첫걸음, 계좌 개설

주식 투자를 하려면 증권사에 계좌를 만들어야 합니다. 옛날에는 증권 계좌를 만들려면 증권사 지점을 찾아가야 했지만 요즘에는 스마트폰으로도 증권 계좌를 개설할 수 있습니다. 이를 비대면 계좌 개설이라고 합니다. 참고로 만 20세 미만인 경우는 부모의 동의가 있어야 개설할 수 있습니다.

증권사에서 주식을 거래하는 것을 '위탁매매'라고 합니다. 증권사가 대신 매매를 해준다는 거죠. 증권사는 고객으로부터 주문을 받아 한국거래소에서 매매합니다. 다양한 주문을 받은 브로커들은 주문을 들고 한국거래소에 모여듭니다. 브로커들은 몇 주를 얼마에 사고팔고 싶다는 고객들의 주문을 서로 비교하며 매칭을 시킵니다.

최초의 증권거래소는 고객들의 주문을 받아 거래를 해주는 브로커들이 정해진 시간에 정해진 장소에 모여서 거래를 하던 것에서 시작이 됐습니다. 브로커들은 수월하게 거래하기 위해 돈을 모아 거래소를 만들었고 본격적으로 거래소 영업을 하게 됩니다. 지금은 전자 거래를 하기 때문에 브로커들이 실제로 거래소에 모이지는 않습니다. 하지만 위탁매매라는 구조는 동일합니다.

한국거래소, 대체 뭐 하는 곳이야?

한국거래소는 증권사들이 돈을 모아 만든 주식회사입니다. 40여 개 증권사, 선물중개회사가 주주입니다. 모든 주식 거래가 전산으로 이뤄지기 때문에 투자자들은 내가 증권사에서 거래하는지, 거래소에서 거래하

| **한국거래소** | 2005년 한국 증권거래소, 한국선물거래소, 코스닥증권시장, 코스닥위원회 등 4개 기관이 통합돼 설립된 주식회사다. 주식, 파생상품, 채권 등을 효과적으로 매매하기 위한 목적으로 설립됐다.

는지 인식하지 못하죠. 한국거래소에서는 회원사들만 거래할 수 있기 때문에 일반 투자자들은 거래할 수 없습니다. 자본시장법에 따라 인가를 받은 금융사만이 한국거래소의 회원사가 될 수 있습니다.

전자 거래가 되기 전에는 증권사에 주문을 하면 여의도 증권거래소에 나가 있는 증권사 직원이 직접 주문을 문서에 써서 제출했습니다. 1988년 모든 증권 거래는 전자화됐고 이제는 여의도에 있는 한국

거래소에 가도 물리적으로 주문을 직접 낼 수 있는 창구가 없습니다. 당시 주문 창구가 있던 자리에는 거대한 시황판이 있죠. 뉴스에 자주 나오는 바로 그 시황판입니다.

아무나 주식 거래소를 만들 수 없습니다. 법에 따라 허가를 받아야 하고, 허가를 받은 거래소만 여러 사람의 주문을 모아 거래를 체결할 수 있습니다. 가끔 주식을 거래하기 위해 필요한 보증금인 증거금도 없이 거래할 수 있다고 유혹하는 곳이 있습니다. 가짜 거래소이죠. 증권사가 아닌 곳에서 주식 거래를 하는 것은 불법 도박 사이트에서 도박하는 것과 같습니다. 짧은 기간에 적은 돈을 거래할 수 있지만 언제라도 사기꾼이 돈을 돌려주지 않고 사이트를 폐쇄할 수 있으니 조심해야 합니다.

한국거래소에는 여러 개의 시장이 있습니다. 우리가 잘 아는 코스피KOSPI, 코스닥KOSDAQ 시장이 있고 벤처기업들이 상장해 있는 코넥스KONEX, 선물·옵션이 거래되는 파생상품 시장이 있습니다. 거래량이 많지 않지만, 소액으로 채권을 거래할 수 있는 장내 채권시장도 있습니다. 채권은 한 번에 100억 원 규모로 거래가 되기 때문에 일반 투자자들이 접근하기가 힘듭니다. 그래서 개인들도 쉽게 채권을 살 수 있도록 한국거래소는 소액 채권시장을 운영하고 있습니다. 최소 1000원부터 채권 투자를 할 수 있으며 국내, 특수채, 지방채, 회사채 등 총 1만 2000여 종목이 상장돼 있습니다.

코스피는 주로 대기업 주식이, 코스닥은 중견·중소기업의 주식이 거래되는 주식시장입니다. 그러나 처음 상장하는 기업의 특징이 그렇다는 것이지 코스피 종목은 우량주, 코스닥 종목은 성장주라는 인식은 맞지 않습니다. 코스닥 시가총액 1위인 셀트리온헬스케어의 시가총액은 21조 원에 달하고, 상위 20개 종목의 시가총액은 모두 1조 원이 넘습니다. 코스피에는 시가총액이 500조 원이 넘는 삼성전자도 있지만 시가총액이 300억 원대인 작은 기업도 있습니다.

돈 버는 알짜 지식

비대면 계좌 개설 시, 수수료가 싼 이유

증권사 지점에 방문해 계좌를 만드는 것보다 비대면 계좌 개설을 하면 수수료 감면 등 혜택이 많습니다. 증권사 입장에서는 지점 운영비, 인건비 등을 절감할 수 있기 때문입니다. 키움증권처럼 지점이 없는 증권사도 있습니다. 지점이 없는 증권사는 지점 운영비를 절감해 수수료를 낮추는 방식으로 시장에 진출했습니다. 국내에는 무려 58개 증권사가 있습니다. 경쟁이 워낙 치열하다 보니 지점이 있는 증권사들도 수수료를 낮췄습니다. 같은 증권사 계좌라고 하더라도 영업점에서 만든 계좌 수수료와 비대면 계좌 수수료가 다릅니다. 10배 이상 차이가 나는 경우도 있으므로 특별한 이유가 없다면 비대면으로 계좌 개설을 하는 것이 좋습니다.

어떤 증권사를
선택해야 좋을까요?

주식 거래와 수수료

어떤 증권사를 선택하는 것이 좋을까요? 오프라인 지점이 주식 거래의 주요 창구였을 때는 지점이 많은 대형 증권사가 이용하기 편했습니다. 하지만 요즘은 PC를 통해 주식을 거래하는 시스템인 HTSHome Trading System와 스마트폰을 통해 거래하는 시스템인 MTSMobile Trading System로 많이 거래하기 때문에 대형 증권사라고 해서 특별히 나은 점은 없습니다. 수수료 역시 비슷합니다.

주식 거래 수수료는 나라에 내는 세금이 있고, 증권사가 가져가는 수수료가 있습니다. 세금은 거래 소득세, 배당 소득세, 양도 소득세가 있습니다. 증권사가 '수수료 무료'라고 광고를 해도 세금은 내야 합니다. 거래 소득세는 주식을 매도할 때 내는 세금으로 총 매도금의 0.23%(2021년 기준)를 세금으로 냅니다. 또 배당을 받으면 총 배당금의 15.4%(국세 14%+지방소득세 1.4%)를 배당 소득세로 내야 합니다. 양도 소득세는 대주주만 냅니다. 현재는 10억 원 이상 주식을 보유한 사람을 대주주로 규정하는데, 이들은 수익의 20%를 양도 소득세로 내야 합니다. 2023년부터는 5000만 원 이상 수익을 낸 개인 투자자도 수익의 20%를 양도 소득세로 내야 합니다.

치킨 게임이 되어버린 증권사들의 수수료 경쟁

2021년 3월 기준 증권사별 수수료율을 보면 미래에셋증권과 삼성증권이 0.0036396%로 가장 낮습니다. NH투자증권은 0.0043319%이고 하나대투증권은 0.0141639%입니다. 개인 투자자들이 가장 많이 이용하는 키움증권은 0.015%입니다.

증권사명	수수료율
미래애셋대우	0.0036396%
삼성증권	0.0036396%
NH투자증권	0.0043319%
하나대투증권	0.0141639%
키움증권	0.015%

증권사들은 수수료 경쟁을 통해 더 내려갈 수 없는 수준까지 수수료를 낮췄습니다. 증권사 수수료에는 한국거래소, 예탁결제원에 지급하는 유관기관 수수료(0.0037869%)가 있습니다. 증권사들은 5년 무료, 10년 무료, 평생 무료를 적용하다가 급기야 유관기관 수수료를 대신 내주는 곳까지 생겼습니다. 증권사들이 이처럼 적자를 감수하면서까지 수수료율을 낮춘 이유는 과열 경쟁 때문입니다.

증권사들은 편리하고 빠른 트레이딩시스템, 훌륭한 리서치 보고서 등을 차별화 포인트로 내세워 경쟁합니다. 그러나 특별히 다른 점을 체감하기는 힘듭니다. 그러다 보니 수수료율 경쟁이 벌어지고 있고, 적자를 보는 수준까지 내려오게 됐습니다. 증권사들은 수수료로 돈을 버는 것이 아니라 가입자들을 대상으로 펀드, ELS와 같은 금융투자 상품을 판매하거나 해외 주식 등 수수료율이 높은 거래를 위탁해 수익을 내고 있습니다. 주식 담보대출, 신용융자 이자도 큰 수익원입니다. 워낙 수수료율이 낮아서 비대면으로 계좌를 개설하고 온라인으로 거래할 계획이라면 수수료율 때문에 증권사를 선택할 필요는 없습니다. 혹시 이 정도 수수료율이 부담스러울 정도로 잦은 거래를 하고 있다면 바람직하지 않습니다. 전문 투자자가 아니라면요.

돈 버는 알짜 지식

삼성전자 주식을 삼성증권에서 사면 이득이 있나요?

지난해 코로나19로 주가가 폭락하자 많은 사람이 주식시장에 처음으로 발을 디뎠습니다. 그때 한 달간 삼성증권 오프라인 지점에서 계좌를 개설한 사람은 1만 2000명이나 됐습니다. 2019년에는 6개월 동안 1만 명이 가입했는데, 그걸 한 달 만에 달성한 거죠. 또 10만여 명이 비대면으로 삼성증권에 계좌를 개설했습니다. 다른 증권사보다 훨씬 많았습니다. 그리고 신규 고객 중 절반이 넘는 61%가 수많은 종목 중 삼성전자를 매매했습니다.

삼성전자 주식을 삼성증권에서만 살 수 있는 것도 아니고, 삼성증권에서 삼성전자 주식을 산다고 혜택이 있는 것도 아닙니다. 하지만 의외로 삼성전자 주식을 삼성증권에서 사야 한다고 생각하는 분들이 많습니다.

주식도
환불이 되나요?

주식은 일종의 중고거래다

남들 따라 샀다가 반토막이 난 주식, 과연 환불이 될까요? 당연히 안 됩니다. 주식을 처음 발행하는 것은 회사이지만 그 주식은 회사와 무관하게 거래되기 때문이죠. 우리가 HTS, MTS를 통해 주식을 살 때 시스템 반대편에는 주식을 파는 사람이 있습니다. 우리는 회사로부터 주식을 사는 게 아니라, 주식을 팔려고 하는 누군가에게 주식을 사는 겁니다. 팔 때도 마찬가지입니다. 회사에다 주식을 파는 게 아니라 주식을 사려는 누군가에게 파는 겁니다. 일종의 중고거래인 셈이죠.

쇼핑몰에서 옷을 샀다가 마음에 안 들면 쇼핑몰에 환불을 요청할

수 있습니다. 하지만 중고거래는 회사가 아니라 그 물건을 자신에게
판 사람에게 환불 요청을 해야 합니다. 주식 역시 마찬가집니다. 내
가 환불 요청을 하려면 나에게 주식을 판 누군가에게 요청해야 합니
다. 만약 내가 주식을 사서 수익을 내고 매도를 했습니다. 그런데 어
느 날 누군가가 찾아와서 자신이 그 주식을 사서 손해를 봤으니 환불
해달라고 요청하면 받아줄까요? 절대 아니겠죠.

중고가 시세는 회사에 물어봐도 모른다

발행된 주식들이 거래되는 시장을 유통시장이라고 부릅니다. 우
리가 주식을 매매하는 그 시장이 유통시장입니다. 주식을 매수하려
는 사람이 많으면 주가가 올라가고, 주식을 매도하려는 사람이 많으
면 주가가 내려갑니다. 주식을 사고파는 사람의 기대감에 따라 주식
시장은 오르내립니다. 여기서 매우 중요한 포인트가 있습니다. 바로
내가 산 주식의 주가가 급등락하는 이유는 그 회사도 정확히 모른다
는 겁니다.

주가가 급등하거나 급락하면 사람들은 회
사에 전화해서 무슨 일이 있는지 물어봅니
다. 보통은 IRInvestor Relations 담당자가 투자자들의 문의에 응답합니
다. 회사 사정을 잘 아는 IR 담당자는 주주들에게 주가가 변동한 이
유를 최대한 설명을 해줍니다. 하지만 주식 거래는 투자자들끼리 하

| IR | 기업이 주식 및 회사채
투자자들을 대상으로 실시하
는 홍보 활동.

는 것이기 때문에 회사도 왜 주가가 움직이는지 잘 모르는 경우가 많습니다. 회사의 경영 상황이 주가에 영향을 많이 주기 때문에 회사에 물어보고 참고할 뿐입니다. 중고나라에서 전자제품이 얼마에 거래되는지 그 물건을 만든 회사에 물어봐도 모르는 것과 마찬가지입니다.

 돈 버는 알짜 지식

2분 만에 460억 원 손실, 한맥투자증권 사건

2013년에 한맥투자증권의 한 직원이 프로그램 매매 과정에서 숫자를 잘못 입력한 일이 있었습니다. 막대한 양의 주문이 쏟아져 나왔고 2분 만에 460억 원의 손실이 발생했습니다. 실수로 나간 주문이지만, 환불은 없었습니다. 직원의 주문 실수 하나로 30년 된 증권사가 그대로 문을 닫았습니다. 자본시장은 냉정합니다. 주문 실수를 전문용어로 두꺼운 손가락, '팻 핑커(Fat finger)'라고 합니다. 손가락이 두꺼워서 주문을 잘못 냈다는 의미입니다. 모바일로 주식 주문을 내다보면 실수로 잘못 누르는 경우가 있습니다. 하지만 계약이 체결되면 절대 취소가 안 되기 때문에 주문을 낼 때는 신중해야 합니다.

가격제한폭은
누구를 위한 건가요?

가격제한폭이 뭐예요?

투자자들이 가장 좋아하는 가격은 상한가, 가장 두려워하는 가격은 하한가라고 하죠. 우리나라 주식시장은 가격제한폭을 ±30%로 두고 있습니다. 내가 보유한 주식이 상한가를 향할 때는 더 많이 올랐으면 좋겠지만 하한가를 향할 때는 그나마 가격제한폭이 있다는 것이 감사할 따름입니다.

가격제한폭은 주가가 지나치게 급등락을 하는 것을 막기 위해 만들어진 제도입니다. 일종의 투자자 보호 장치죠. 가격제한폭은 처음 만들어질 때는 가격대에 따라 가격제한폭이 17단계(2.2%~6.7%)로 나뉘는 정액제였습니다. 그러다가 1995년 4월 정률제로 변경이 되며

6%로 시작했습니다. 하루 가격제한폭이 6%라고 하니 답답한 느낌이 있었습니다. 1996년에는 8%, 1998년 3월에 12%, 12월에 15%로 확대됐고, 가장 최근인 2015년 6월 15일에는 30%로 변경됐습니다.

가격제한폭을 30%로 확대했을 때 개인 투자자들은 크게 손실을 볼지 모른다고 우려했습니다. 만약 상한가에서 하한가로 떨어지면 하루 만에 60% 손실을 볼 수 있으니까요. 특히 개인들이 많이 투자하는 코스닥 중소형주는 코스피 대형주보다 상·하한가에 도달하는 경우가 많습니다. 돈을 빌려서 투자하는 신용거래의 경우 더욱 위험합니다. 가격이 많이 하락하면 신용으로 투자한 주식을 증권사가 강제로 매각하는 반대매매가 시행되니까요. 가격제한폭이 15%일 때는 이틀간 하한가가 되면 반대매매가 시행되는데, 30%로 확대되면서 하루 만에 반대매매가 시행될 수 있게 된 거죠. 이처럼 여러 가지 이유로 가격제한폭 확대에 반대하는 사람들이 많았습니다.

가격제한폭을 확대해야 하는 이유

건전한 투자 문화를 조성하기 위해서라도 가격제한폭을 아예 없애거나 더욱 넓혀야 한다고 주장하는 사람도 있습니다. 가격제한폭이 6%에 불과하면 어차피 하락해도 6%이니 묻지마 투자가 가능합니다. 그런데 잘못 투자했다가 하루에 수십 퍼센트씩 주가가 하락할 수 있다고 하면 좀 더 신중하게 투자하겠죠.

또한 가격제한폭은 좁을수록 시장이 적정 가격을 형성하는 데 걸림돌이 됩니다. 호재든 악재든 새로운 정보가 등장하면 시장은 적정 가격을 향해 움직입니다. 주가가 50% 상승할 이슈인데 가격제한폭이 30%로 제한되면 제값을 찾아가지 못합니다. 그래서 상한가로 마감이 되면 다음 날 추가로 주가가 상승할 거란 기대에 적정 수준보다 주가가 더 오르기도 합니다. 반대로 치명적인 악재가 발생해 주가가 하락할 때도 하한가가 제한되면 어디까지 주가가 하락할 이슈인지 가늠이 안 됩니다. 그러면 하한가에도 팔지 못할 거라는 생각에 주가가 적정 수준보다 더 하락할 수 있습니다.

 돈 버는 알짜 지식

가격제한폭에 붙어버리는 자석효과와 시세 조종

자석효과는 주가가 가격제한폭 근처에 가면 가격제한폭에 붙어버리는 현상입니다. 예를 들어 25% 이상 가격이 상승하면 사람들은 상한가에 갈 거라고 기대하기 때문에 가격제한폭인 30%에 붙는 거죠. 급등주 투자를 하는 사람들은 이런 현상을 이용해 상한가에 근접한 주식을 매수하기도 합니다.

자석효과를 역이용한 작전세력도 있었습니다. 수법의 이름은 '상한가 굳히기'입니다. 20% 이상 주가가 급등하면 주식을 대량으로 매수해 상한가를 만드는 방식입니다. 장 마감 때까지 상한가를 유지하고 대량의 매수 주문을 냅니다. 상한가 이상으로는 거래가 안 되므로 거래되지 않는 매수 주문이 쌓입니다. 그러면 사람들은 매수 주문이 엄청 많다고 착각하고, 다음 날에도 주가가 상승할 것으로 기대합니다. 그리고 다음 날 고가의 매수 주문을 대량으로 낸 투자자들이 엄청 몰려오게 한 다음 매수 주문을 다 취소하고, 어제 산 주식을 높은 가격에 모두 팔아버리는 수법입니다. 허수 주문으로 시세를 조종하는 수법이죠.

변동성 완화 장치는
언제 발동되나요?

서킷 브레이커와 사이드카

주식 거래를 하다 보면 주가가 급등락할 때 갑자기 거래가 멈추는 일이 있습니다. 변동성 완화 장치 때문입니다. 3일 연속 상한가로 순식간에 두 배가 되거나 3일 연속으로 하한가를 기록하는 주가를 보면 어떨까요? 가격이 너무 급변하면 투자자들은 과도한 기대나 공포를 느껴 잘못 판단할 수 있습니다.

그래서 가격제한폭을 확대하는 대신 주가가 급등락할 때 잠시 멈추고 판단할 수 있도록 변동성 완화 장치를 추가했습니다. 바로 서킷 브레이커circuit breaker입니다. 서킷 브레이커는 하락 비율에 따라 총 3단계로 나뉘어 발동합니다. 1단계는 주가지수가 전일 대비 8% 이상 하

락하는 경우 발동하며, 2단계는 15%, 3단계
는 20% 이상 하락하면 발동합니다. 1단계와
2단계 발동 시 모든 주식 거래가 20분간 중단

| 단일가 매매 | 투자자 주문
을 일정 시간 동안 모아 일시
에 하나의 가격으로 체결하
는 방식.

되며, 이후 10분간 단일가 매매로 거래가 재개됩니다. 주가가 급락하
는 것을 보고 두려움에 바로 매도하기보다 왜 이런 상황이 됐는지 잠
시 멈추고 생각할 기회를 주는 거죠. 3단계가 발동하면 당일 모든 주
식 거래가 종료됩니다. 하루 동안 잘 생각해보라는 취지입니다.

　선물시장에 적용되는 '사이드카sidecar'도 있습니다. 선물 가격이 전
일 종가보다 코스피는 5%, 코스닥은 5% 이상 주가가 급등락하고, 1분
간 지속되는 경우 주식시장의 선물과 현물 매매를 5분간 중단시키는
것입니다. 선물시장은 현물시장에 영향을 미

| 선물시장 | 선물거래가 이
루어지는 시장을 가리키며
상품거래시장, 외환시장에서
주로 사용되는 말.

치기 때문에 선물시장을 기준으로 한숨 돌리
는 시간을 만든 제도입니다.

VI 발동이란?

　주가지수 급등락에 대응하는 서킷 브레이커가 있다면 개별 주식
이 급등락할 경우 대응하는 변동성 완화 장치도 있습니다. 바로 VI
발동입니다. 우리가 주식 투자를 할 때 'VI 발동'이라고 뜨는 걸 종종
볼 수 있습니다. 투자자들의 과열된 분위기를 식히기 위해 2분 동안
단일가로만 매매하도록 하는 장치입니다.

VI에는 정적 VI, 동적 VI가 있습니다. 정적 VI는 전날 주가와 비교해 10% 이상 가격이 움직이면 발동이 되고, 동적 VI는 현재 체결되는 가격이 직전 체결가보다 2~3% 이상 변동하면 발동이 됩니다. 급등락할 때 거래가 멈추는 것은 시스템 오류가 아니라 변동성 완화 장치가 작동하는 겁니다. VI가 발동된 주식만 찾아가며 단기 투자를 하는 분들도 있는데요. VI가 발동된 주식은 주가가 크게 움직이고 있는 주식이기 때문에 몇 분, 몇 초 만에 돈을 벌 수 있다고 생각하는 겁니다. 투자 방식은 자유지만, 그리 권하고 싶지 않은 투자 방식입니다.

• 1장을 마치며 •

이번 장에서는 주식 초보가 알아야 할 가장 기초적인 상식을 알아보았습니다. 주식이 무엇인지, 주식의 가격인 주가는 어떻게 형성되고, 어떻게 움직이는지, 말로만 듣던 가격제한폭은 왜 필요한지, 변동성 완화 장치는 언제 발동되는지에 대해 다양한 이해관계와 시장의 흐름과 함께 설명해드렸습니다. 주식에 대해서 대충 감이 잡히셨나요? 이제 다음 장에서는 투자에 필요한 상식과 빚투의 종류, 그리고 공모주 투자까지 알아봅시다. 자, 따라오세요!

주식 초보라면 꼭 알아야 할 투자의 기초

매수와 매도, 주식을 사고파는 방법

매수와 매도에 대한 간단한 이해

매수와 매도를 모르면서 주식 투자를 하는 사람은 없겠죠? 매수는 주식을 사는 일이고, 매도는 주식을 파는 일을 말합니다. MTS의 호가창을 보면서 조금 더 자세히 알아볼까요?

오른쪽의 호가창을 보면 현재 거래를 원하는 사람들의 주문이 쭉 나와 있습니다. 우선 팔려는 사람은 높은 가격에 팔고 싶어 하기 때문에 가격이 더 높은 왼쪽 상단의 박스가 '매도 주문'입니다. 반면에 사려는 사람은 싸게 사고 싶어 하기 때문에 가격이 더 낮은 오른쪽 하단의 박스가 '매수 주문'입니다. 그리고 가격 옆에 있는 숫자는 주문량입니다.

삼성전자 MTS 호가창

예를 들어, 매도 주문 맨 아래 '83,500' 왼쪽에 있는 '62,321'이라는 숫자는 '매도 잔량'입니다. 8만 3500원에 팔려고 내놓은 주식이 6만여 주가 있다는 거죠. 바로 주식을 사고 싶은 사람은 8만 3500원에 매수 주문을 내면 됩니다. 6만여 주를 모두 사서 해당 가격대 매도 주문이 모두 소진되면 그보다 높은 8만 3600원이 현재가가 됩니다. 이것이 우리가 사랑하는 주가 상승입니다.

주가를 쭉 올리고 싶다면 8만 3500원에 6만여 주, 8만 3600원에 9만여 주를 모두 사면 됩니다. 그러면 8만 3800원까지 주가를 끌어올릴 수 있죠. 물론 혼자서 이 주식을 다 사려면 돈이 굉장히 많이 필요하겠지만요. 예시로 든 삼성전자는 대형주이기 때문에 거래량이 많아 혼자서 주가를 끌어올리려면 돈이 너무 많이 듭니다. 작은 소형주라면 더 수월하겠죠. 그래서 주가를 인위적으로 움직이려는 작전세력들은 삼성전자 같은 대형주가 아니라 작은 종목을 선택합니다.

매도 호가도 마찬가집니다. 바로 팔고 싶으면 매수 주문이 있는 8만 3400원에 매도 주문을 내면 됩니다. 만약 비싸게 팔고 싶어서 8만 3500원에 매도 주문을 내면 거래가 체결되지 않습니다. 8만 3400원 매도 주문이 모두 소진이 되고 나서야 8만 3500원 매도 주문이 체결 가격이 되기 때문입니다.

호가창 자세히 살펴보기

호가창에는 거래량, 기준가, 시가, 고가, 저가, 상한가, 하한가 등이 적혀 있습니다. 기준가는 어제 마감된 가격, 시가는 오늘 처음 장이 시작할 때의 가격, 고가는 오늘 장중 최고 가격, 저가는 장중 최저 가격입니다. 상한가는 시가를 기준으로 +30% 가격, 하한가는 -30% 가격입니다. 우리나라 주식시장의 가격제한폭이 ±30%이기 때문이죠.

그렇다면 체결강도는 뭘까요? 체결강도는 100%를 기준으로 매수세와 매도세를 표현하는 지표입니다. 100%보다 높으면 매수세가 강하다는 의미이고, 100%보다 낮으면 매도세가 강하다는 의미입니다. 위로 가격을 올리면서 체결한 매수 체결량과 아래로 가격을 내리면서 체결한 매도 체결량을 비교하는 지표입니다. 매수세가 강하면 주가가 상승할 가능성이 더 크다고 볼 수 있겠죠.

잔량 표시도 현재 추세를 파악할 수 있는 지표가 됩니다. 앞에 예시로 든 호가창에서처럼 매도 주문이 130만 주, 매수 주문이 70만 주라면 매도 주문이 더 많은 것을 확인할 수 있습니다. 얼핏 생각해보면 매도 주문이 더 많으니 하락추세라고 생각할 수 있습니다. 하지만 그 반대로 해석해야 합니다. 더 비싼 가격에 팔고 싶은 사람들이 매도 주문을 내놓기 때문에 매도 잔량이 늘어납니다. 반대로 주가가 하락할 땐 더 싸게 사려는 투자자들이 낮은 가격에 매수 주문을 내놓기 때문에 매수 잔량이 많아집니다. 즉, 매도 잔량이 많으면 상승추세, 매수 잔량이 많으면 하락추세라고 볼 수 있습니다.

지정가 주문과 시장가 주문

가격을 정해서 주문을 넣는 것을 지정가 주문이라고 하고, 주문이 나와 있는 가격에 매수·매도 주문을 하는 것을 시장가 주문이라고 합니다. 호재성 기사를 보고 주가가 더 급등하기 전에 주식을 빨리 사고 싶을 때가 있습니다. 그럴 땐 현재가보다 더 높은 가격에 지정가로 주문을 내거나 시장가 주문을 내면 빨리 체결됩니다.

주식을 많이 사고 싶은데 매도 잔량이 너무 적을 수가 있습니다. 그러면 내가 주식을 살 때마다 주가가 오르기 때문에 매수 단가가 너무 높아집니다. 반대로 주식을 팔고 싶은데 매수 주문이 별로 없으면 내가 팔 때마다 주가가 내려가게 됩니다. 내가 원하는 가격에 원하는 물량을 매매하려면 시장 가격에 영향을 주지 않아야 하고, 거래량이 많은 종목이어야 합니다. 때로는 현재가에 주문을 내도 체결이 안 될 때가 있습니다. 체결에는 순서가 있기 때문인데요. 8만 3500원에 주문을 낸 사람보다 8만 3600원에 주문을 낸 사람의 거래가 먼저 체결이 된다는 거죠. 높은 매수 가격을 낸 사람이 우선입니다.

주식 거래 체결 순서

만약 같은 가격을 제시한 주문이 몰려온다면 누가 먼저 체결이 될까요? 주식 거래는 원칙에 따라 순서대로 체결됩니다. 첫 번째 원칙의 기준은 가격입니다. 더 높은 매수 가격을 제시한 주문, 더 낮은 매도 가격을 제시한 주문이 먼저 체결이 됩니다. 두 번째 원칙의 기준은 시간입니다. 동일한 가격으로 주문이 나왔다면 먼저 낸 주문이 먼저 체결됩니다. 세 번째 원칙의 기준은 수량입니다. 가격과 시간이 동일하면 수량이 많은 주문이 먼저 체결됩니다. 네 번째 원칙은 위탁 매매 우선입니다. 증권회사가 자기가 낸 주문보다 고객이 낸 주문을 우선한다는 원칙입니다.

주식시장이 열리는 9시 이전에 주문을 내면 장이 열리는 것과 동시에 거래가 됩니다. 이것을 동시호가라고 합니다. 9시 이전에 낸 주문은 모두 같은 시간에 낸 것으로 간주하고 단일가에 체결이 됩니다.

이때도 위와 같은 네 가지 기준에 따라 거래의 우선순위를 정해 체결이 되고, 체결이 안 된 주문은 자동으로 취소가 됩니다. 공모주의 경우 시초가에 100%, 이후 상한가 30%를 기록하는 '따상*'이 되는 경우가 있습니다. 공모주 청약에 실패했다고 하더라도 시초가에라도 매수를 하면 30% 수익률을 올릴 수 있죠. 먼저 계약이 체결되게 하려면 높은 가격에 많은 물량을 주문해야 체결 가능성이 높아집니다.

| 따상 | '더블'과 '상한가'의 합성어. 상장 첫날 시초가 공모가 두 배로 형성된 뒤 상한가까지 올라 마감하는 것을 뜻한다. 2일 연속 상한가로 치솟으면 '따상상', 3일 연속이면 '따상상상'이라 말한다.

손해 안 보는
매수와 매도 타이밍

왜 나만 하락세에 주식을 살까?

사람 마음이 참 간사합니다. 오르는 주식을 보면 사고 싶습니다. 하지만 한 푼이라도 싸게 사고 싶은 마음에 현재가보다 한 칸이라도 낮은 가격에 매수 주문을 내게 됩니다. 그러면 마치 나만 두고 떠난 기차처럼 내 주문은 체결도 안 되고 훌쩍 오릅니다. 100원만 비싸게 샀으면 훨씬 더 이익을 볼 수 있었을 텐데, 소심한 자신을 탓하게 됩니다.

주식을 팔 때도 마찬가지입니다. 현재가보다 한 칸 위로 매도 주문을 넣었는데, 야속하게도 내 주식은 팔리지 않고 주가가 급락합니다. 사실 낮은 가격에 매수 주문을 넣어놨는데 체결이 됐다는 것은 주가가 하락했다는 의미입니다. 솔직한 마음으로 내가 낸 주문만 체결이 되고 주가가 올랐으면 좋겠습니다. 하지만 하락하는 와중에 내가 낸 주문이 체결됐을 테니 더 내려가는 것도 이상할 게 없습니다.

주식 투자가 가장 위험한 달

미국의 소설가 마크 트웨인은 "10월은 주식 투자에 있어서 특히 위험한 달 중 하나다. 다른 위험한 달로는 7월, 1월, 9월, 4월, 11월, 5월, 3월, 6월, 12월, 8월 그리고 2월이 있다"라고 말했습니다. 주식 투자는 시기와 상관없이 항상 위험이 뒤따른다는 짓궂은 농담입니다. 증시 격언 중에는 '매수는 기술, 매도는 예술'이라는 말이 있습니다. 사는 것도 어렵지만 파는 것은 더욱 어렵다는 의미입니다. 신중하게 주식을 선택했다면 주식을 매수하는 타이밍을 크게 신경 쓸 필요는 없습니다. 기업 실적이 개선되면서 주가가 오를 거라고 생각하면 100원, 200원 더 비싸게 사든 싸게 사든 최종 수익률에 미치는 영향은 크지 않습니다.

그래도 매수 타이밍에 대해 이야기하자면 장 초반은 피하는 게 좋습니다. 전반적으로 주식시장이 상승세고 새벽에 미국 증시가 상승 마감하고 나면 그 기대감으로 9시 동시호가에 많은 주문이 몰립니다. 그리고 기대감으로 주가가 크게 오를 수도 있고, 오른 상황에서 푹 빠질 수도 있습니다. 주식시장이 하락세면 반대로 시작하자마자 급락할 수도 있습니다. 또 증권사는 장이 시작되자마자 반대매매 대상이 되는 주식을 팝니다. 그러면 꽤 많은 매도 물량이 쏟아집니다.

이러한 이유로 장 초반에는 변동성이 매우 큽니다. 한두 시간쯤 지나면 장 초반의 혼란이 좀 가라앉는 경향이 있습니다. 초보 투자자라면 시장 분위기가 안정됐을 때 주식을 매입하는 게 수월합니다. 참고로 상승장에는 오전에 지켜보던 투자자들이 오후에 몰리는 경향이 있습니다. 하락장에는 불안한 투자자들이 오전에 매물을 던지는 경향이 있습니다.

마음 편한 분할 매수와 분할 매도

분할 매수는 투자하는 마음을 다잡는 데 꽤 유용한 매수 방법입니다. 한번에 주식을 다 사는 게 아니라 일정한 주기를 두고 기계적으로 나눠서 거래하는 겁니다. 200만 원어치 주식을 사고 싶다면 50만 원씩 네 번에 나눠 사는 등의 방식입니다. 어차피 사기로 마음먹은 주식이라면 굳이 좀 더 싸게 사겠다고 낮은 가격에 매수 주문을 낼 필요도 없습니다. 50만 원어치 주식을 매입했는데 주가가 오를 수 있습니다. 그러면 추가로 더 살 때도 플러스 수익률이기 때문에 마음이 편합니다. 주가가 내려간 경우에는 더 낮은 가격에 주식을 매입해 마이너스 수익률을 줄여주기 때문에 마음이 편합니다.

투자할 때는 마음을 다잡는 것이 매우 중요합니다. 분할 매수를 한 것이 한번에 산 것보다 유리할 수도 있고, 불리할 수도 있습니다. 하지만 손실이든 이익이든 어느 정도 상쇄시켜주기 때문에 좀 더 편안한 마음으로 매수할 수 있습니다.

그렇다면 매도에도 좋은 방법이 있을까요? 사실 가장 정석적인 매도는 매수할 때 정한 원칙에 따라서 하면 됩니다. 가이드를 제시하자면 다음과 같습니다. 첫째, 내가 주식을 매수할 때 생각했던 가격을 넘어서면 매도를 합니다. 둘째, 처음 내가 주식을 살 때 생각했던 점이 잘못됐다는 것이 확인되면 매도를 합니다. 셋째, 지금 주식 외에 다른 주식을 사거나, 현금 비중 확대 등 포트폴리오 변경이 필요할 때 매도를 합니다. 매도할 때도 분할 매도 비중을 적절히 정해 서너 번에 나눠서 매도하면 마음 편하게 매도할 수 있습니다.

빚투를 대하는 올바른 자세

돈이 없으면 빌려서 투자하는 사람들

왜 항상 내가 적게 산 주식만 주가가 많이 오르는 걸까요? 가진 돈이 부족하다 보니 수익률이 높아도 적은 돈밖에 못 벌고, 조금 벌어봐야 비싼 밥 한 끼 사 먹으면 다 사라집니다. 용돈 벌이 수준일 뿐 자산으로 쌓이지 않죠. 투자 규모가 작을 때 수익금을 높이는 방법은 대출을 받아서 투자하는 이른바 '빚투'입니다. 최근에는 금리가 워낙 낮아서 이자 부담이 크지 않다 보니 빚투를 하는 분들이 늘어나고 있습니다. 2021년 1월 5대 시중 은행의 조사에 따르면 하루에 개설되는 마이너스 통장만 2000개가 넘는다고 합니다.

빚투의 다른 표현은 '레버리지leverage 투자'입니다. 영어로 레버리지는 지렛대라는 뜻인데요. 지렛대를 이용하면 작은 힘으로 무거운 물체를 들 수 있는 것처럼, 돈을 빌려서 투자하면 적은 돈으로 고수익을 낼 수 있다는 의미입니다. 돈을 빌려서 투자하는 것이 위험한 이유는 단순히 대출금을 갚을 수 있느냐 없느냐의 문제가 아니라 수익의 변동성이 커지기 때문입니다. 대출을 받아 투자하면 주가가 오를 때 수익률이 더 높아지고, 내려갈 때 더 큰 손해를 보는 거죠. 무슨 뜻인지 차근차근 알아봅시다.

레버리지 투자 효과의 흑백

내 돈이 100만 원 있을 때 주가가 10% 오르면 10만 원 수익이 납니다. 내 돈 100만 원에 100만 원 대출을 더하면 200만 원이 됩니다. 200만 원을 투자했는데 주가가 10% 오르면 20만 원 수익이 납니다. 원래 내 돈은 100만 원이었고, 20만 원 수익이 났으니 수익률은 20%입니다. 수익률이 두 배가 된 거죠. 이것이 레버리지 효과입니다. 반대로도 마찬가지입니다. 주가가 10% 내릴 때, 나의 수익률은 -20%가 됩니다.

이런 레버리지 효과는 얼마든지 만들어낼 수 있습니다. 내 돈 100만 원과 대출 900만 원을 받아 1000만 원 규모로 투자를 하면 주가가 1%만 올라도 10% 수익이 나고, 10% 수익이 나면 100% 수익이 납니다. 반대로 10% 손실이 나면 100% 손실이 됩니다. 내 주식은 다 사라졌지만 빚은 갚아야 합니다.

빚투에도 종류가 있다

빚투의 가장 기본적인 방법으로는 마이너스 통장, 신용대출 등 외부에서 대출을 받아 투자하는 법이 있습니다. 신용대출은 금융회사가 개인의 신용을 평가해 돈을 빌려주는 대출 상품입니다. 평소에 돈을 많이 빌리고 잘 갚은 사람일수록 신용등급이 높습니다. 이밖에도 안정적인 직장을 다니고 소득이 높은 사람은 낮은 금리로 더 많은 금액의 대출을 받을 수 있습니다. 신용대출은 일반적으로 1년을 만기로 하는데, 신용등급이 달라지는 등 큰 변화가 없다면 연장이 됩니다.

마이너스 통장은 신용대출의 일종인데 그때그때 필요한 만큼 돈을 쓰고, 쓴 만큼만 이자를 내는 상품입니다. 한도를 정하고 필요할 때 돈을 빌린다고 해서 '한도대출'이라고도 합니다. 예를 들어, 신용대출로 1000만 원을 받으면 쓰지 않아도 그에 해당하는 이자를 내야 합니다. 반면에 한도대출은 쓴 만큼만 이자를 내기 때문에, 500만 원을 썼다면 500만 원에 해당하는 이자만 내면 됩니다. 그러나 한도대출은 그 대신에 0.5%p가량 금리가 높습니다. 참고로 2021년 기준 신용대출 금리는 신용등급에 따라 차이가 있지만 1.7~3.7%가량입니다.

주식을 담보로 한 대출, 신용융자

주식을 담보로 대출을 받을 수도 있습니다. HTS를 이용하면 '신용주문'이라는 메뉴에서 주문할 수 있는데요. 신용거래 약정절차를 거친 후에 이용할 수 있습니다. 만기는 종목에 따라 1~3개월이고, 금리는 9%가량입니다. 금리가 꽤 높은 편입니다. 보통 신용융자를 이용해 투자하는 분들은 단기 투자자인 경우가 많습니다. 연 9%라고 해도 월 1%가 안 되기 때문에 가볍게 보고 투자하는 분들이 많습니다.

신용융자로 투자할 때는 담보유지비율이 중요합니다. 담보유지비율은 신용거래를 할 때 유지해야 할 담보의 규모로 일반적으로 140% 정도입니다. 예를 들어, 내 돈 1000만 원과 증권사에서 돈을 1000만 원 빌려 2000만 원어치 주식을 샀습니다. 내 돈은 1000만 원이기 때문에 담보유지비율이 140%라고 하면 1400만 원이 기준선이 됩니다. 2000만 원어치 주식을 샀다가 30% 하락하면 1400만 원이 됩니다. 담보유지비율 140%에 해당하기 때문에 추가로 하락하면 반대매매 대상이 됩니다.

반대매매는 신용융자 매매나 앞으로 설명할 미수거래를 할 때 증권사가 정한 기준 이하로 담보 가치가 하락할 경우 다음 날 시장이 열리자마자 하한가 기준으로 주식을 매도하는 것을 말합니다. 반대매매를 피하려면 내 돈을 더 넣어야 합니다. 만약 돈이 없다면 증권사는 강제로 주식을 팝니다. 1400만 원에 강제매매가 이뤄지면 빚이 1000만 원이기 때문에 내 돈은 400만 원만 남습니다. 60% 손실을 본 셈이죠. 주식을 계속 보유하고 있으면 언젠가는 오를 가능성이 있지만, 반대매매가 되면 손실이 확정되기 때문에 투자자 입장에서는 매우 가슴 아픈 일입니다.

단기 투자에 용이한 미수거래

실수로 내가 가진 돈보다 더 많은 주식을 사는 경우가 있습니다. 100주를 사야 하는데 110주를 사버린 거죠. 초보 투자자들은 돈이 없는데 어떻게 매매가 된 건지 의아해합니다. 그 이유는 매매 주문이 체결되면 결제는 이틀 후에 이뤄지기 때문입니다. 주식을 살 땐 증거금만 있으면 됩니다. 증거금률은 종목과 증권사마다 다른데 약 30~50%가량입니다. 증거금률이 50%라면 100만 원어치 주식을 살 때 50만 원만 있으면 됩니다.

미수거래는 이틀 후에 결제 대금을 가지고 있어야 하기 때문에 단기 투자에 활용하는 경우가 많습니다. 미수거래로 샀다가 당일에 팔면 이틀 후 미수금이 발생하지 않기 때문이죠. 하지만 만약 손실이 나면 팔기가 어렵습니다. 하루만 더 지나면 오를 것 같아 버티려면 돈을 계좌에 더 넣어야 합니다. 이틀 후에 매수한 주식에 해당하는 돈을 입금하지 않으면 미수동결계좌가 되어 모든 증권사에서 30일 동안 미수거래를 할 수 없습니다

미수거래로 주식을 사고 다음 날 매도를 하는 경우도 있습니다. 주식 매수 자금은 이틀 후에 결제해야 하는데, 주식 매도 대금은 다음 날 입금이 됩니다. 이 경우 반대매매는 피할 수 있지만 미수금이 연체돼 30일 동안 미수거래가 금지됩니다. 또 매도 대금이 입금되기 전까지는 연체된 것으로 판단하고 미수연체이자 연 9%가 하루치만큼 적용됩니다.

금융회사에게 빌려서 투자하기, 스탁 론

증권사가 아니라 증권사와 제휴를 맺은 다른 금융회사로부터 대출을 받을 수도 있습니다. 주로 저축은행이 많이 대출해주며 '스탁론'이라고 부릅니다. 스탁 론은 증권사마다 한도가 다른데 대부분 주식계좌 평가금액의 3배~5배까지 가능합니다. 스탁 론은 신용거래와 마찬가지로 일정한 담보유지비율 미만으로 떨어지면 강제로 주식이 매도됩니다.

스탁 론의 담보유지비율은 대부분 120~130%입니다. 1000만 원이 있고 스탁 론을 2000만 원을 받아 총 3000만 원을 투자한다고 가정해보겠습니다. 담보유지비율이 120%이면 2000만 원의 120%, 2400만 원을 유지해야 합니다. 담보유지비율보다 주가가 하락하면 담보유지비율 이상으로 입금해야 합니다. 그렇지 않으면 반대매매가 실행됩니다. 스탁 론 금리는 2~8%가량이며 기간은 3~6개월입니다. 스탁 론은 증권사의 신용융자보다 담보유지비율이 낮고 일반 신용대출보다 대출을 받기가 쉽습니다. 다만 일반 신용대출보다 상환 기간이 짧으므로 단기 투자를 부추기죠.

빚투가 많아질수록 시장의 맷집이 약해집니다. 빚투를 하면 손실에 취약해지기 때문입니다. 상승할 땐 레버리지 효과로 더 많이 상승하지만 하락할 땐 더 많이 하락합니다. 담보유지비율 아래로 내려가면 강제로 반대매매가 되기도 합니다. 주가 하락이 반대매매를 부추기고, 반대매매가 또다시 주가를 하락시키고 다른 투자자까지 반대매매를 당하는 경우가 있습니다. 다른 투자자들이 신용대출을 받아 투자했는지 확인할 방법은 없지만, 신용융자는 확인할 수 있으니 신용융자 잔고가 너무 높을 때는 단기 충격에 급락할 수 있다는 점을 염두에 두고 투자하세요.

 돈 버는 알짜 지식

매도 대금을 담보로 대출을 받을 수 있다고요?

주식을 매도하면 매도 대금은 결제일인 이틀 후에 받을 수 있습니다. 돈이 급하게 필요할 때는 이 매도 대금을 담보로 대출을 받아 사용할 수 있습니다. 이틀 후면 입금이 될 매도 대금을 담보로 대출을 받아야 할 정도로 급한 상황이 언제일까요? 바로 미수거래를 할 경우입니다. 미수로 매수를 했다가 다음 날 매도를 하면 결제일에 미수금이 발생합니다. 이때 매도 대금을 담보로 돈을 빌리는 거죠. 물론 연 9% 이자가 발생합니다.

자격 있는 기업만
입장하세요, 상장

상장, 그 까다로운 문턱

　주식이 처음으로 한국거래소에서 거래가 되도록 지정하는 일을 상장이라고 합니다. 하지만 한국거래소에서 아무 기업이나 상장해주지는 않겠죠. 거래소는 증권 거래 수수료가 주 수익원입니다. 많은 투자자가 거래를 해야 이익을 올릴 수 있습니다. 이를 위해서는 투자자들이 좋아할 만한 우량하고 성장 가능성이 높은 기업들이 많이 상장돼 있어야 합니다. 주식을 샀는데 그 주식이 하루아침에 부도가 나는 일이 자주 생기면 사람들은 그 거래소를 신뢰하지 않을 겁니다. 거래소는 명품 백화점이 입점 업체의 질을 따지듯 거래되는 주식의 품질을 잘 관리해줘야 합니다.

투자자들이 좋아할 만한 주식은 무엇일까요? 주식을 샀는데 한순간에 망하면 안 되기 때문에 재무 건전성이 뛰어난 회사를 선호할 겁니다. 하지만 그렇다고 이미 성장할 만큼 성장을 해서 더 성장할 가능성이 낮은 기업은 그리 매력적이지 않습니다. 코스피에 상장하려면 자기자본 300억 원 이상, 영업 활동 기간 3년 이상, 매출액 1000억 원 이상 등의 요건을 갖춰야 합니다. 재무적 요건만 충족하면 모두 상장이 되는 것은 아니고, 다양한 측면에서 질적 평가도 합니다. 코스닥은 코스피에 비해 조건이 덜 까다롭습니다. 자기자본 30억 원 이상, 당기순이익 20억 원 이상 등의 조건이 있습니다.

상장되지 않은 위험한 주식, 장외주식

기업은 설립 초기에 투자해야 가장 싸게 주식을 살 수 있습니다. 설립된 지 얼마 안 된 회사는 망할 위험이 크지만 성장할 가능성 역시 매우 크죠. 하지만 창업 초기 회사의 주식은 투자 위험이 매우 크기 때문에 불특정 다수가 매매하는 주식시장에서는 거래되지 않습니다. 이처럼 한국거래소에 상장되지 않은 주식을 장외주식이라고 합니다.

장외주식은 한국거래소의 상장 절차를 거치지 않았기 때문에 검증이 안 된 주식입니다. 최소한의 요건을 갖췄는지도 알 수 없는 주식이죠. 또 거래량이 많지 않기 때문에 쉽게 사고팔 수가 없습니다.

이런 주식은 벤처캐피털* 등 전문가들이 면 밀하게 분석해 개별적으로 거래합니다. 주식 시장은 전문가가 아닌 사람도 투자할 수 있 는 곳이므로 그만한 자격을 갖춘 기업만 상

| 벤처캐피털 | 혁신적인 중소 벤처 기업에 전문적으로 자금을 투자하는 기관 투자자. 미래가 불확실한 기업에 투자를 하기 때문에 고위험, 고수익을 추구한다.

장을 시킵니다. 그러면서도 성장 가능성이 더 높은 기업에 투자하고 싶은 사람도 있고, 좀 더 안정적인 기업에 투자하고 싶은 사람도 있 기 때문에 시장별로 상장 조건이 다릅니다.

상장이 폐지되면 주식을 팔 수도 없다

그렇다면 '상장 폐지'란 무슨 뜻일까요? 우리는 흔히 상장 폐지라 는 단어를 회사가 부도가 났다는 의미와 비슷하게 사용합니다. 상장 폐지가 됐다고 해서 주식이 사라지는 것은 아니지만 대부분 파산 수 준까지 가야 상장이 폐지되기 때문에 상장 폐지를 파산과 비슷하게 느낍니다. 하지만 상장하기 전에도 주식이 있듯 상장이 폐지되더라 도 주식은 있습니다. 다만 거래소에서 거래할 수 없으며 주식의 가치 가 매우 하락하죠. 시장을 통해 언제든 거래할 수 있는 주식과 직접 거래자를 찾아야 매매할 수 있는 주식의 가치는 천지 차이입니다.

거래소는 주기적으로 부실기업을 걸러내고, 요건을 갖추지 못한 기업은 상장 폐지를 시킵니다. 2년 연속 매출액이 50억 원 미만이거 나 연말 자본금이 전액 잠식된 경우 등의 요건에 해당하면 상장이 폐

지될 수 있습니다. 횡령이나 배임, 최종 부도가 발생해도 상장이 폐지됩니다. 상장을 폐지하는 요건은 다양하지만, 외부감사인의 감사 의견으로 폐지되는 경우가 가장 많습니다. 연말이 되면 기업들은 장부를 정리해서 외부감사인에게 감사를 받습니다. 그런데 외부감사인이 '적정'이 아닌 '부적정', '한정', '의견거절' 등의 의견을 내면 상장 폐지 요건에 해당됩니다.

12월 결산법인은 전년도 사업보고서를 금융감독원에 매년 3월까지 제출해야 하는데, 매년 이때 수많은 상장이 폐지됩니다. 그러므로 만약 부실기업에 투자한다면 이때는 피하는 게 좋습니다. 그리고 애초에 부실기업 투자는 자제하기를 권합니다. 상장이 폐지되면 주식을 팔 수도 없으니까요.

 돈 버는 알짜 지식

스스로 상장을 폐지하는 기업도 있다?

자진해서 상장을 폐지하는 기업도 있습니다. 상장한다는 것은 나 혼자 가지고 있던 기업의 권리를 남들에게 파는 것입니다. 일종의 동업을 하는 거죠. 나 혼자 소유할 때와 달리 동업자들이 많아지면 책임져야 할 일도 많아집니다. 기업의 정보를 투명하게 공개해야 하고, 주주들의 제안을 귀 기울여 듣고 반영해야 합니다. 주주들의 의견을 무시하고 독단적으로 경영하다가는 주주들에게 외면받고, 자칫 잘못하면 경영권을 빼앗기는 일도 발생할 수 있습니다. 그런 의무를 지고 싶지 않다면 주주들에게 팔았던 주식을 다 사들이고 다시 비상장 상태로 돌아갈 수 있습니다. 이를 '자진 상장 폐지'라고 합니다. 지금은 비상장사인 KB손해보험이나 태림포장 같은 기업도 이전에는 상장사였습니다.

공모주 가격은
어떻게 정해질까?

공모주가 대체 뭔데 난리야?

기업이 처음으로 주식시장에 주식을 상장할 때 공개적으로 투자자를 모집하는 것이 '공모'입니다. 기업이 공모를 위해 발행하는 주식이 '공모주'이며, 투자자가 이 주식을 사는 것을 '공모주 청약'이라고 합니다. 2020년 SK바이오팜이 상장 당일 '따상'을 기록하고, 이후 이틀 연속 상한가를 기록하는 이른바 '따상상'을 기록해 많은 사람의 관심을 받았습니다. 이후 카카오게임즈, 하이브 등도 '따상' 행진을 이어가며 전 국민 공모주 시대를 열었습니다. SK바이오사이언스 청약에는 63조 원, SK아이이테크놀로지 공모주 청약에는 무려 81조 원의 자금이 몰리며 사상 최고 기록이 연일 경신되고 있습니다.

우리나라 주식시장의 가격제한폭은 ±30%입니다. 하지만 공모주는 처음 거래되는 날 9시 전 동시호가°에서 시초가를 형성할 때 공모가의 90~200%에서 가격이 매겨집니다. 즉 공모가에서 -10%가 될 수도 있고 +100%가 될 수도 있다는 거죠. 공모주 시초가 가격제한폭이 넓은 것은 공모주의 가격이 그만큼 불확실하기 때문입니다.

이미 상장된 주식은 여러 사람의 평가를 받고 거래가 되면서 적정한 시장 가격을 형성합니다. 하지만 공모주는 처음으로 거래되는 것이기 때문에 적정 가격을 알 수가 없습니다. 전문가들이 기업 가치를 평가해서 상장을 시키지만 불특정 다수의 투자자들이 어떻게 생각할지는 뚜껑을 열어봐야 알 수 있습니다. 그래서 시초가에서 가격제한폭을 넓게 형성해 즉각적으로 적정 가격을 발견할 수 있도록 한 겁니다.

공모주 가격은 어떻게 선정될까?

성공적인 공모주 투자를 위해 공모주 가격이 산정되는 과정을 살펴보겠습니다. 상장된 주식은 다수의 투자자가 사고파는 과정에서 주가가 결정됩니다. 비상장 주식도 장외시장에서 일부 거래가 되기는 하지만 장외 가격은 적당한 가격으로 인정되지 않습니다. 카카오

게임즈의 상장을 앞두고 장외주식 가격이 2만 5000원에서 7만 5000원까지 올랐으나 공모주 청약 가격은 2만 4000원으로 결정이 됐습니다. 공모주 청약 경쟁률이 높다고 함부로 장외주식을 샀다가는 낭패를 볼 수 있습니다.

공모주 가격을 산정할 때는 우선 해당 기업의 본질 가치를 평가합니다. 하이브(상장 당시 빅히트엔터테인먼트)를 예로 들자면 국내외 엔터테인먼트의 규모와 하이브가 가진 경쟁력, 비즈니스 모델 등을 평가합니다. 그다음은 상대가치평가˚를 합니다. 다른 경쟁사와 비교했을 때 적정한 기업 가치를 얼마로 봐야 할지를 보는 겁니다.

| 상대가치평가 | 주식시장 일반, 동업종 주식 또는 비교 가능한 회사의 시장 가격과 이에 대응하는 수익성, 배당 성향 등을 비교하여 평가하는 방법.

| 성숙 산업 | 고도 성장을 거쳐 안정적인 실적을 보이는 산업. 안정성은 있지만 성장성이 낮아 미래 가치에 있어 높은 평가를 받지 못한다.

그렇다면 어떤 회사와 비교를 하면 좋을까요? 예를 들어, 스크린 골프 사업을 하는 골프존은 노래방과 비교할 수도 있고 게임 회사와 비교할 수도 있습니다. 성숙 산업˚인 노래방과 비슷한 수준으로 평가하면 공모가가 낮게 나올 테고 성장 산업인 IT나 게임 산업으로 평가를 하면 높게 나오겠죠. 그래서 비교 대상 기업을 어디로 하느냐에 따라 기업 가치는 두 배 이상 차이 날 수도 있습니다.

빅히트의 경쟁자가 네이버랑 카카오라고?

하이브는 투자 설명회에서 비교 대상 기업 다섯 곳을 발표했는데요. 세 곳은 SM, JYP, YG였고, 음악 콘텐츠가 주 사업이라는 점에서 이견이 없었습니다. 하지만 논란이 되었던 것은 나머지 두 곳, 네이버와 카카오였습니다. IT 플랫폼 회사인 네이버와 카카오는 엔터테인먼트 회사와 다르기 때문입니다.

하이브는 방탄소년단이라는 강력한 아티스트가 있고 위버스라는 플랫폼이 있다고 설명을 했습니다. 시장에서는 위버스를 네이버, 카카오 수준의 플랫폼으로 평가하는 것에 대해서는 회의적이었으나 방탄소년단의 영향력이 워낙 강했기 때문에 공모가는 높은 수준에서 형성이 됐습니다. 그러나 하이브는 상장 이후 방탄소년단에 대한 기대감으로 급등했다가 급락을 해서 많은 투자자의 마음을 아프게 했습니다.

절대가치평가는 어렵더라도 상대가치평가는 한번쯤 해보는 게 좋습니다. 어떤 기업과 비교했는지, 비교 기업에 비해 공모 기업의 경쟁력이 어느 정도일지 비교해보면 공모가에 대한 감을 잡을 수 있습니다. 공모 기업이 경쟁력 있는 기업보다 높게 평가를 했다면 상장 이후 주가가 약세를 보일 수 있습니다. 이런 내용은 상장을 앞두고 공시하는 증권신고서 '인수인의 의견'을 보면 확인할 수 있습니다.

전문가 분들, 얼마에 살래요? 수요 예측

기업 평가를 통해 공모 희망 가격이 나오면 기관 투자자들을 대상으로 얼마에 사겠느냐고 묻는 '수요 예측'을 합니다. 자체적으로 공모가를 산정하고 전문 투자자로부터 가격에 대한 평가를 받는 절차입니다. 예를 들어 9000원~1만 3000원에 공모를 하면 얼마에 사겠느냐고 묻습니다. 기관 투자자들은 자기가 생각하는 가격을 정해서 주문을 냅니다. 9000원에 사겠다는 기관 투자자가 많으면 9000원에, 1만 3000원에 사겠다는 기관 투자자가 많으면 1만 3000원에 공모가가 결정됩니다. 물론 그 중간에서 결정이 될 수도 있습니다. 기관 투자자들은 더 높은 가격을 제시해야 더 많은 물량을 배정받을 수 있습니다. 하지만 너무 높은 가격에 배정을 받으면 손해를 볼 수도 있죠.

숨겨진 견제자, 금융감독원

수요 예측까지 끝나면 최종 공모가가 결정됩니다. 이 과정에서 숨겨진 견제자가 있습니다. 바로 금융감독원입니다. 금융감독원은 상장하려는 기업의 투자설명서, 증권신고서를 점검합니다. 기업 가치가 지나치게 부풀려졌다고 판단을 하면 정정을 요구하기도 합니다. 공식적으로는 금융감독원에서 가격이 높은지 낮은지에 대해 판단하지 않습니다. 정정을 요구할 때도 비싸니까 다시 책정하라고 요구하지 않습니다. 하지만 금융감독원은 상장 이후 투자자를 보호하려는 의지가 있으므로 정정 요구를 통해 공모가를 적정하게 책정하도록 압박합니다. 공모가가 너무 높으면 감독 당국의 견제를 받기 때문에 다소 보수적으로 책정되는 경향이 있습니다. 공모가가 보수적으로 책정이 된다는 것은 그만큼 상장 이후 주가가 급등할 가능성도 있다는 것이죠. 금융감독원, 증권사, 기관 투자자의 평가를 거치면서 공모주는 일반적으로 저평가돼서 상장하는 경우가 많습니다. 그래서 공모주 대박이 날 수 있는 거죠.

 돈 버는 알짜 지식

대주주와 투자자 사이의 묘한 신경전

공모주에 대박 수익률이 나오는 데는 묘한 긴장 관계가 있습니다. 공모가가 높으면 대주주는 행복합니다. 대주주는 창업할 때, 기업 가치가 가장 낮을 때부터 주식을 가지고 있었기 때문이죠. 상장할 때 공모가가 높으면 엄청난 돈을 법니다. 그러나 공모가가 너무 높으면 사람들이 청약에 참여하지 않을 수 있죠. 또 처음부터 공모가가 너무 높으면 상장 이후 주가가 하락해 일반 투자자들이 손해를 볼 수 있습니다. 공모가를 높이고 싶은 대주주와 낮추고 싶은 투자자들 사이에는 긴장 관계가 있습니다. 상장하려고 했다가 시장 상황이 좋지 않고 투자자들이 비싼 가격에 안 사겠다는 분위기가 짙으면 상장 절차를 중단하기도 합니다.

공모주 청약에 도전해보자

공모주 청약은 어디에서?

공모주 청약은 공모를 주관하는 증권사에서 할 수 있습니다. 물론 해당 증권사의 계좌가 있어야 가능하죠. 기업은 처음 상장할 때 증권사의 도움을 받습니다. 상장사가 갖춰야 할 다양한 조건에 대해 알려주고 절차를 진행해주죠. 최종적으로 공모주를 팔아주는 것도 주관 증권사의 역할입니다. 요즘은 드문 일이지만, 시장 상황이 좋지 않아서 상장하려던 주식을 사겠다는 투자자가 없으면 주관 증권사가 떠안기도 합니다. 상황에 따라 여러 증권사가 공동 주관을 하기도 하고, 주관은 아니지만 공모주 판매만 해주는 증권사도 있습니다.

SK바이오사이언스의 경우 대표 주관사는 NH투자증권, 공동주관

사는 한국투자증권, 미래에셋대우였습니다. 그리고 SK증권, 삼성증권, 하나금융투자가 인수회사 역할을 했습니다. 증권사마다 배정받을 수 있는 물량이 다르므로 공모주를 1주라도 더 받으려면 증권사별 물량도 잘 챙겨야 합니다.

청약 증거금은 얼마를 준비해야 할까?

청약 경쟁률이 높으면 그만큼 공모주를 사기가 힘듭니다. SK바이오사이언스의 경우 청약 경쟁률이 무려 335:1을 기록했습니다. 335주를 신청하면 1주를 배정받을 수 있다는 것이죠. SK바이오사이언스의 주당 가격이 6만 5000원이니 335주, 2100만 원어치를 청약해야 1주를 받을 수 있다는 의미입니다.

그렇다면 신청하는 수량만큼 돈을 다 내야 할까요? 아닙니다. 청약 증거금률은 50%입니다. 신청하고자 하는 규모의 절반만 내면 됩니다. 예를 들어 1050만 원이 있으면 335주를 신청할 수 있고, 1주를 받을 수 있습니다. SK바이오사이언스 공모주 청약에서 가장 많은 물량을 배정받은 투자자는 증거금 68억 2500만 원을 납입해 총 21만 주를 신청했고, 317주를 배정받았습니다. 청약 이후 배정이 될 때까지 2~3일이 걸립니다. 증거금 68억 원을 납입하고 2000만 원어치 주식을 배정받았다면 나머지 67억 8000만 원은 돌려줍니다.

더 많이 대출한 사람이 이긴다? 쩐의 전쟁

사람들은 더 많은 공모주를 배정받기 위해 빚까지 동원해 최대한 많은 물량을 신청합니다. 어차피 2~3일 후에 돌려받을 수 있으니 어떻게든 자금 동원을 하죠. 다들 대출을 받아서 청약하니 대형 공모주 청약이 있는 달에는 전체 은행의 신용대출이 급격하게 늘어나는 양상까지 나타납니다. 그러다 보니 경쟁률이 더욱 높아지고, 1주라도 더 받으려면 모두가 대출을 더 받아서 자금 동원을 해야 하는 '쩐의 전쟁'이 벌어졌습니다. 그래서 정부는 공모주 청약 방식을 바꿨습니다. 대규모 자금 동원이 가능한 부자들만 공모주 청약을 할 수 있다는 비판을 받아들인 거죠. 그래서 전체 물량의 절반은 이전과 같이 신청한 규모에 비례해 받고 나머지 절반은 신청한 사람 모두에게 균등하게 배분하도록 했습니다.

예를 들어 청약을 신청할 때 최소 청약 단위인 10주 이상 신청한 투자자들은 균등하게 배정받을 수 있습니다. 공모가가 주당 6만 5000원이니 10주를 청약하려면 65만 원어치를 신청해야 합니다. 증거금은 그 절반이니 32만 5000원을 내야겠죠. 그러면 최소 1주는 받을 수 있습니다.

비례 배분을 할 때는 335주, 2100만 원어치를 신청해야 1주를 받을 수 있지만 균등 배분을 하면 10주만 신청해도 1주는 받을 수 있게 된 거죠. 만약 신청한 사람이 너무 많아서 신청자별로 1주도 돌아가지 않을 경우는 추첨을 합니다. 물론 균등 배분으로 물량의 절반이 배정되다 보니 비례 배분 경쟁률은 두 배로 더 높아졌습니다.

이 과정이 계좌별로, 증권사별로 이뤄집니다. 본인 계좌로 10주 신청하고, 가족 등 다른 사람 명의로 계좌를 개설해 신청 건수를 늘리는 겁니다. 가족 구성원이 4명이면 4주를 받을 수 있습니다. 또 증권사별로 청약이 이뤄지기 때문에 여러 증권사 계좌를 활용할 수도 있습니다. SK바이오사이언스는 6개 증권사에서 청약을 주관했으니 4명의 명의로 6개 증권사 계좌에 청약하면 24주도 받을 수 있었죠. 그러나 이런 식의 중복 청약은 2021년 6월 20일부터 금지되었습니다.

 돈 버는 알짜 지식

상장 이후 매입한다면 이것만은 조심!

공모주 배정이 힘들다 보니 상장 이후에 주식을 매입하는 투자자도 늘고 있습니다. 시초가가 100%로 형성되더라도 상한가 30%를 노리는 거죠. 그러나 시초가가 200%로 형성되어 따상을 기록했다면 그 이상의 상승을 기대하는 것은 위험합니다. 전문가들이 평가한 적정 가격보다 두 배나 차이가 나기 때문이죠.

따상에 대한 기대감은 SK아이이테크놀로지 상장을 계기로 한풀 시들었습니다. 시초가 100% 상승은 했는데 개장 이후 6분 만에 하락세로 전환돼 첫날 20% 넘게 하락했습니다. 공모주는 상장 이후 약 2주 정도 적정가를 형성하는 기간을 거칩니다. 공모주 청약에 실패 후 해당 주식을 반드시 사고 싶다면 적정가가 형성된 후에 투자하는 것이 좋습니다. 따상이라는 용어를 만들어낸 SK바이오팜은 27만 원에서 10만 원 초반대까지 떨어졌고, 하이브는 34만 원에서 14만 원까지 하락했습니다. 변동성이 지나치게 클 때는 피하세요.

• 2장을 마치며 •

이번 장에서는 투자에 필요한 기초 상식에 대해 알아보았습니다. 호가창을 보며 매수와 매도에 대해 알아보았고, 주문이 어떤 순서로 체결되는지도 알아보았습니다. 장 초반에는 매수를 피해야 한다는 점, 매도는 원칙에 따라 진행해야 한다는 것도 알려드렸죠. 레버리지 투자와 공모주 투자를 생각하는 분들에게 필요한 이야기들도 최대한 자세히 알려드렸습니다. 하지만 여전히 어떤 종목을 골라야 할지 잘 모르겠다고요? 앞으로 3장에서 기업과 주가 분석에 필요한 몇 가지 도구들을 알려드릴게요.

BEST 3

차트로 보는 최소한의 종목 분석법

야호!

무작정 친구 따라
투자해도 될까?

주식과 부동산 투자 방식의 차이점

주변에 주식보다 부동산 투자로 큰돈을 벌었다는 사람이 많은 이유는 뭘까요? 주식 투자와 부동산 투자의 장기 수익률 차이를 살펴봅시다. KB부동산에 따르면 1986년 이후 32년 동안 전국 아파트 매매가 지수는 22.2에서 102.8로 4.6배 상승했습니다. 서울 강남 아파트 가격은 6배 상승하며 전국 아파트 가격 상승률을 웃돌았습니다. 같은 기간 코스피 지수는 160포인트에서 2400포인트로 15.4배 증가했습니다. 연평균 수익률로 보더라도 아파트는 5%, 코스피는 9%로 차이가 큽니다.

그런데도 주식보다 부동산으로 돈 벌었다는 사람이 주변에 많은 이유는 투자 방식의 차이 때문입니다. 부동산은 전 재산을 바칠 뿐 아니라 한도까지 대출을 받아 투자하므로 투자금의 규모가 큽니다. 또한, 부동산은 안전자산이라고 믿고 많은 자산을 10년 이상 장기적으로 투자를 하는 편이죠. 반면에 주식에 자신의 전 재산을 바치고 대출까지 받아서 투자하는 사람은 별로 없습니다. 시시때때로 바뀌는 주가를 보고 불안해하면서 많은 자금을 투자하지 않죠. 또한 1년 이상 장기 투자를 하는 사람도 많지 않습니다. 장기적으로 보지 않아 고점에 산 것을 저점에서 파는 경우도 많죠.

직접 기업 가치를 분석해봐야 하는 이유

대부분 초보 투자자들은 주식 투자를 할 때 지인 추천에 의존합니다. 그러다 보면 주가가 움직일 때 불안감이 매우 큽니다. 올라도 얼마나 오를지 몰라 불안하고, 내려도 얼마나 내려갈지 몰라 불안합니다. 오를 때는 수익을 확정하고 싶어서 소폭 올라도 주식을 팔고, 내려가면 손해를 보고 싶지 않아 계속 붙들고 있다가 손실을 키우죠. 올라간 주식은 빨리 팔고, 떨어진 주식은 오래 들고 있으니 나중에 계좌를 보면 손실이 난 종목만 가득한 파란 계좌가 됩니다. 게다가 자신이 없으니 많은 금액을 투자하지 않습니다. 남의 이야기만 듣고 거금을 투자하기는 어려우니까요. 투자할 때 수익률보다 중요한 것은 투자 규모입니다. 수익률이 높아도 많은 금액을 투자하지 않았다면 수익금은 얼마 안 됩니다.

직접 기업 가치를 분석하고 주식을 사야 자신이 생각했던 주가가 될 때까지 주식을 팔지 않을 수 있습니다. 주식이 오를 만한 이유를 알고 사면 주식이 하락할 때도 추가로 매수할 수 있습니다. 또한, 내가 분석했던 시나리오와 다른 상황이 발생하면 과감하게 팔 수도 있죠. 지인과 전문가의 추천을 받아 주식 투자를 하더라도 정보의 맥락을 이해하고 있어야 수익을 더 늘리고 손해를 더 줄일 수 있습니다.

그렇다면 기업 가치를 어떻게 분석해야 할까요? 기업 가치를 분석하는 가장 기본적인 방법은 탑다운과 바텀업 방식입니다. 탑다운은 말 그대로 위에서 아래로, 바텀업은 아래에서 위로 기업을 분석하는 방식입니다. 다음 장에서 자세히 알아봅시다.

탑다운, 위에서 아래로 분석하기

거시경제 지표로 미래 예측하기

탑다운은 위에서 아래로, 즉 거시경제에서 시작해 수혜를 볼 만한 산업을 고르고, 산업군 내에서 가장 유망한 기업을 선정하는 방식입니다. 예를 들어, 경제 성장률이 높아지면 주가에 어떤 영향이 있을까요? 기업이 성장하려면 매출을 올리고 이익을 내야 합니다. 경제 성장률이 높아진다는 것은 수요가 늘어난다는 것이며 기업들이 매출을 올릴 기회도 많아진다는 것입니다. 고용률이 올라가면 사람들이 취업을 많이 한다는 의미이니 임금이 생기고 소비가 늘어날 것이라고 예상할 수 있습니다. 소비자심리지수를 보면 소비의 미래를, 제조업지수를 보면 투자의 미래를 그려볼 수 있습니다.

2020년 11월에 발간된 한국은행의 경제전망을 살펴보면 2020년 기준 한국의 경제성장률 전망은 -1.1%이고 2021년과 2022년은 각각 3.0%, 2.5% 수준입니다. 경제성장률이 반등하는 국면이니 투자하기에 나쁘지 않은 상황입니다. 한국은행은 "국내 경기는 글로벌 경기 회복에 따른 수출 개선, 양호한 투자 흐름 지속 등으로 완만한 회복세를 나타낼 것으로 예상한다"고 설명했습니다. 그렇다면 이 보고서를 토대로 어떤 업종을 선택하면 좋을지 살펴볼까요?

1) 민간소비는 코로나19 재확산, 가계의 소득 여건 개선 지연 등으로 회복세가 더딜 것으로 예상

→ 내수 서비스 업종은 그리 전망이 밝지 않네.

2) 반도체는 차세대 D램으로의 전환, 파운드리 증설 등을 위한 투자를 지속

→ 반도체 및 반도체 장비 업종에 대해 알아봐야겠군.

3) 디스플레이는 최근 수익성 개선으로 투자 여력이 양호해지면서 OLED 전환 투자가 지속

→ OLED 전환 수혜 종목을 살펴봐야겠군.

4) 자동차는 글로벌 시장 점유율 확대를 위해 미래형 자동차 관련 투자를 지속

→ 전기차, 배터리 등 관련 기업을 알아봐야겠군.

경제 성장 전망과 함께 업종별 상황을 살펴봤습니다. 한 업종을 골랐다면 그중 어떤 기업이 가장 전망이 좋은지를 살펴봐야 합니다. 사실 업종 경기가 개선될 것이라 예상한다면 대장주[*]에 투자하는 것이 좋습니다. 대장주는 가장 먼저 오르고 가장 나중에 내리는 경향이 있기 때문입니다. 좀 더 구체적으로 살펴보려면 증권사 애널리스트가 발간하는 업종 전망 자료를 살펴보는 것이 좋습니다. 투자가 유망한 톱픽top pick[*]도 골라주므로 좋은 가이드라인입니다.

국내 지표도 중요하지만 국내 대기업 매출의 상당 비중은 수출에 의존하기 때문에 미국 등 선진국의 지표를 참조하는 것이 좋습니다. 특히 미국 제조업 주문 지수는 컴퓨터·통신, 1차 금속, 기계, 전기장비 등으로 분류됩니다. 주문 지수의 추이를 보면 한국 산업 중 어디가 흐름이 좋은지 파악할 수 있습니다. 구매자 관리 지수, 소비자 물가, 미국 소매 판매 지수도 참고할 만합니다. 미국 소매가 늘고 있다는 건 한국 기업이 더 많이 수출할 수 있다는 의미이기 때문입니다. 수출 동향도 한국 기업들의 매출을 미리 짚어볼 수 있는 중요한 지표입니다. 기업 매출은 세 달에 한 번 발표가 되지만 수출 동향은 한 달에 한 번 발표가 됩니다.

| 대장주 | 주식시장에서 종목군별로 가격의 상승과 거래를 주도하는 주식. 하락 장세이면 가장 오래 버티고, 상승 장세이면 가장 가파르게 오르는 특징이 있다.

| 톱픽 | 애널리스트가 자기 업종을 분석하면서 그중에서 가장 상승 가능성이 높은 종목을 선택해 제시하는 것.

바텀업, 아래에서 위로 분석하기

좋은 종목은 집 근처에서 구하라

바텀업은 특정 기업이 가진 가치를 중심으로 분석하는 방법입니다. 투자의 거장 피터 린치는 "10루타 종목을 찾아보기에 가장 좋은 장소는 집 근처"라고 말했습니다. 여기서 10루타 종목이란 주가가 10배 오르는 종목을 말합니다.

우리는 일상 속에서 수많은 산업을 만납니다. 예를 들어, 코로나19로 외식이 힘들어지면서 집에서 직접 요리를 하는 경우가 많아졌습니다. 따라서 요리에 필요한 식재료와 양념을 세트로 구성해 제공하는 밀키트 상품이나 데우기만 하면 먹을 수 있는 냉동식품 판매가 많이 늘었죠. 비비고 냉동만두의 대장주 CJ제일제당은 코로나19로 저점을 찍은 이후 220%가 올랐습니다.

또한 집에 있는 시간이 길어지면서 주로 검색만 하던 네이버를 통해 쇼핑을 하고 웹툰을 보는 사람이 많아졌습니다. 컴퓨터, 텔레비전 등 가전제품을 바꾸는 사람도 많아졌죠. 이러한 변화들을 살펴보면 좋은 종목을 발굴할 수 있습니다. 한 취재원은 집 앞에 제약회사 창고가 있다고 합니다. 그 창고에 박스가 많이 쌓여 있으면 잘 안 팔리나 보다 하고, 박스가 쌓여 있지 않으면 잘 팔리나 보다 해서 투자를 했다고 합니다. 미국의 한 헤지펀드는 월마트의 실적을 추정하기 위해 사람을 고용해 물류 창고에 드나드는 트럭의 숫자를 셌다고 합니다.

기업의 내재 가치에 집중하는 바텀업 방식

일상에서 투자할 만한 종목을 찾았다면 실제로 그런지 분석을 해봐야 합니다. 바텀업 방식은 시장의 흐름보다 기업의 내재가치에 집중합니다. 해당 기업이 가지고 있는 가치보다 지나치게 저평가되었다면 시장 상황과 상관없이 매수합니다. 변동이 있을 수는 있지만 결국 주가는 본질 가치를 따라간다는 믿음이 있기 때문입니다.

2000년대 초반 롯데칠성은 매우 저평가된 기업이었습니다. 하지만 경쟁자인 해태음료가 무너지면서 반사이익을 얻었고, 보유하고 있는 서울 서초동 토지만 하더라도 전체 기업 가치를 웃돌았습니다. 결국 2000년 10만 원대 초반이던 롯데칠성의 주가는 2년 만에 90만 원까지 올랐습니다. 그러나 지금은 기업 분석 기법들이 다양해져서 현저히 저평가된 종목을 찾기는 쉽지 않습니다. 지표상 저평가된 종목이 있다면 대부분 그럴 만한 이유가 있습니다. 물론 회사가 좋은 기술을 보유하고 있거나, 좋은 영업 비즈니스 모델을 갖췄다면 성장 가치보다 주가가 낮게 평가됐다고 생각할 수도 있습니다.

 돈 버는 알짜 지식

탑다운과 바텀업, 둘 중 무엇이 좋은 방식일까?

탑다운과 바텀업은 둘 중 하나가 무조건 더 좋다고 할 수 없습니다. 경기가 좋다고 해서 모든 기업이 잘되는 것은 아니고, 아무리 능력이 출중한 기업이라도 경기가 안 좋으면 실력을 발휘할 수 없습니다. 큰 흐름을 보면서 그중에 내재가치가 높은 기업을 선택하는 것이 좋은 주식을 고르는 투자의 정석입니다. 전문가들은 탑다운과 바텀업을 같이 보며 투자합니다. 경기의 큰 흐름에 따라 투자 타이밍을 정하고 내재가치보다 저평가된 주식을 선정하는 식입니다.

봉차트로 보는
주가 기술적 분석

기술적 분석, 왜 해야 하죠?

초보 투자자가 처음 HTS를 열면 가장 난해하게 느끼는 것이 차트입니다. 굉장히 복잡해 보이는 파랗고 빨간 봉들이 사람을 움츠러들게 합니다. 최근 소비자 중심의 새로운 고객 경험을 주겠다며 출범한 토스 증권은 MTS에서 차트를 다 지워버리기도 했습니다. 하지만 이 차트들은 기술적 분석을 위한 중요한 도구들입니다. 기술적 분석은 과거의 데이터를 토대로 기업의 현재 위치를 확인하고 미래를 전망하는 분석입니다. 기업의 내재적 가치를 분석하는 기본적 분석이 좋은 기업을 선정하는 데 도움이 된다면, 기술적 분석은 시장의 수급과 심리, 매매 타이밍을 잡는 데 도움이 됩니다.

기술적 분석은 우선 시장에 영향을 미치는 무수한 변수들이 가격에 모두 반영이 되어 있다고 가정합니다. 기업들의 개별 이슈를 분석해 가격을 전망하다 보면 내가 보고 싶은 부분에만 집중하게 됩니다. 따라서 본질적인 중요성과 별개로 내가 아는 것은 중요하게, 모르는 것은 덜 중요하게 판단할 수 있죠. 또한, 모르는 것을 과도하게 두려워하고, 아는 것은 간과할 수도 있습니다. 그러나 가격은 투명합니다. 많은 사람이 가진 정보와 투자 행위는 거래량과 가격에 반영됩니다. 차트에는 수많은 사람의 공포와 희열, 고민과 행동이 담겨 있습니다.

하루 동안의 주가 흐름을 보여주는 봉차트

봉차트

가장 대표적인 차트는 '봉차트'입니다. HTS 차트를 빼곡하게 채우고 있는 빨갛고 파란 막대 모양의 봉이 바로 봉차트입니다. 봉차트는 주식의 시가와 종가, 최고가와 최저가를 나타냅니다. 빨간 봉은 시가보다 주가가 상승해 종가가 높은 경우이며 양봉이라고 부릅니다. 파란 봉은 시초가보다 주가가 하락해 종가가 낮은 경우이며 음봉이라고 부르죠. 이 책에서는 민트색 봉을 양봉, 회색 봉을 음봉으로 보겠습니다.

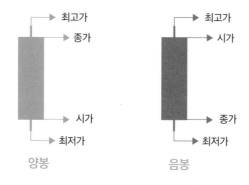

양봉이 주로 있는 구간은 시가보다 종가가 높은 날이 이어지고 있다는 의미입니다. 매수세가 좋은 구간이죠. 양봉의 밑변은 시가이며, 윗변은 종가입니다. 양봉이 길다면 시가보다 주가가 많이 올라서 마감이 됐다는 의미입니다. 장대양봉이라고 하죠. 음봉은 반대입니다. 윗변이 시가이며, 아랫변이 종가입니다. 음봉이 길다면 시초가보다 주가가 많이 하락했다는 의미죠. 이를 장대음봉이라고 합니다. 그리고 봉차트 위와 아래에 꼬리가 달린 것을 볼 수 있는데, 위에 달린 꼬리는 당일 최고가, 아래 꼬리는 최저가를 의미합니다.

봉차트를 통해 치열했던 하루 동안의 주가 흐름을 볼 수 있습니다. 장대양봉이 만들어지면 매우 강력한 매수세가 주가를 끌어올렸다는 것을 알 수 있습니다. 양봉이라고 하더라도 위의 꼬리가 길다면 일시적인 수급으로 주가가 올랐지만 고점에서 강한 매도세를 못 이기고 내려왔다는 것을 알 수 있죠. 반대로 아래 꼬리가 길다면 저점에서 강한 매수세가 주가를 밀어 올렸다는 거죠. 봉차트를 보면 수급의 힘을 가늠할 수 있습니다.

모양별 봉차트 해석법

여러 개의 봉차트를 연결해서 해석하는 방법도 있습니다. 가장 많이 언급되는 봉은 흑삼병, 적삼병입니다. 적삼병은 양봉이 3일 연속 나타나는 모습입니다. 흑삼병은 음봉이 3일 연속 나타나는 모습입니다. 적삼병과 흑삼병은 추세의 전환으로 해석됩니다. 주가 하락이 이어지다가 적삼병이 나타나면 추세적 반등을 암시합니다. 흑삼병은 반대죠. 또한, 적삼병, 흑삼병은 거래량과 함께 분석합니다. 충분히 많은 거래량을 동반한 적삼병은 앞으로도 주가가 상승할 가능성이 높다는 것을 보여줍니다. 봉차트 분석에는 음봉, 양봉의 모양에 따라 샛별형, 석별형, 까마귀형, 장악형, 관통형, 잉태형, 망치형 등 다양한 분석 방법이 있습니다.

• 샛별형과 석별형

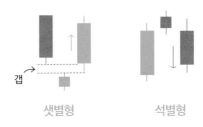

샛별형   석별형

샛별형과 석별형은 반대 의미를 가진 한 쌍입니다. 샛별형은 하락 추세가 이어지다가 갭을 만들면서 작은 양봉이 나타나고 이후에 아래에서부터 매수세가 주가를 끌어 올리는 장대양봉이 나타나는 형태입니다. 이 경우 상승 전환 신호로 해석합니다. 반면 석별형은 상승 추세가 이어지다가 작은 음봉을 만들고 이후에 주가를 타고 내려가는 음봉이 나타나는 형태로 이 경우 하락 전환 신호로 해석합니다.

• 까마귀형

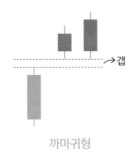

까마귀형

까마귀형은 장대양봉 이후 갭 상승, 연속적인 음봉이 나타나는 패턴입니다. 하락 전환의 신호로 해석하며 세 번째 음봉이 두 번째 음봉을 덮을 정도로 길다면 더 확실합니다.

- **장악형**

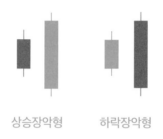

상승장악형   하락장악형

장악형은 상승장악형과 하락장악형이 있습니다. 장악형은 다른 색깔의 봉으로 구성되며 추세 반전의 신호로 해석합니다. 전일 봉의 크기보다 당일 봉 크기가 클수록, 즉 확실히 장악될수록 발전의 에너지가 강하다고 볼 수 있습니다. 전일 작은 음봉을 당일 장대양봉으로 장악하는 경우 상승 에너지가 훨씬 더 강하다고 볼 수 있는 상승장악형 패턴입니다. 반면 전일 작은 양봉 이후 당일 장대음봉으로 장악되면 매도세가 강하다고 볼 수 있는 하락장악형 패턴입니다.

• 잉태형

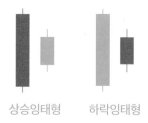

상승잉태형   하락잉태형

잉태형은 새로운 에너지가 싹트며 반전을 모색하는 패턴입니다.
전날 장대음봉으로 내리꽂힌 상황에서 다음 날 감싸 안기듯 양봉이
나타나면 상승 전환의 신호로 해석합니다. 반면 전날 장대양봉으로
기분 좋게 올랐다가 힘이 빠지며 작은 음봉이 나타나면 하락 전환의
신호로 해석합니다.

대충 보면 큰일 나는 이동평균선

평균 주가를 알려주는 차트

이동평균선은 과거 거래일 동안의 평균 주가를 곡선으로 표현한 차트입니다. 5일 평균선은 최근 5일의 평균가를, 10일 평균선은 최근 10일의 평균가를 점으로 찍어서 연결한 선입니다. 5일, 10일, 20일, 60일, 120일, 200일 이동평균선이 있는데, 주식 거래가 가능한 영업일이 기준이므로 사실상 1주, 2주, 1개월, 분기, 반기, 1년의 평균가를 의미합니다.

이동평균선의 가정은 '주가는 결국 이동평균선에 수렴된다'는 것입니다. 단기적으로 주가가 위아래로 움직일 수 있지만, 기간을 늘려서 보면 평균에 근접하죠. 그래서 주가가 하락할 때 이동평균선은 추가적인 하락을 막는 지지선으로 작용합니다. 반대로 주가가 상승할 때는 이동평균선이 추가적인 상승을 가로막는 저항선이 되기도 하죠. 선 자체가 주가에 영향을 미친다기보다 사람들의 심리가 그렇다는 겁니다. 이 정도 올랐으면 평균에 비해 너무 올랐다, 이 정도면 너무 내렸다는 심리가 반영된다는 거죠.

이동평균선의 해석

주가가 상승하고 있는 추세라면 단기 이동평균선이 장기 이동평균선보다 위에 있습니다. 최근 5일 동안의 평균 주가가, 최근 10일 동안의 평균 주가보다 높기 때문이죠. 이를 정배열이라고 하고, 추세적 상승을 암시합니다. 반대로 장기 이동평균선이 위에 있고 아래로 향하고 있다면 추세적으로 하락하고 있음을 보여줍니다. 이를 역배열이라고 합니다.

5일 이동평균선   10일 이동평균선

10일 이동평균선   5일 이동평균선

정배열   역배열

단기 이동평균선

장기 이동평균선

골든크로스

그리고 단기 이동평균선이 장기 이동평균선보다 아래에 있다가 뚫고 올라가는 것을 골든크로스라고 합니다. 오랫동안 눌려 있던 주가가 위로 치고 올라가는 흐름으로 추세 전환을 보여줍니다. 반대로 단기 이동평균선이 장기 이동평균선을 뚫고 떨어지는 것을 데드크로스라고 합니다.

이동평균선의 종류

이동평균선에는 기간에 따라 이름이 나뉘며 부르는 명칭도 따로 있습니다. 가장 대표적인 이동평균선을 살펴보도록 합시다.

• 5일 이동평균선(aka. 단기추세선)

5일 이동평균선은 '단기추세선'이라고 합니다. 5일간의 연속적인 흐름을 통해 추세를 암시하는 선이라는 의미입니다. 5일 평균가가 내가 산 가격보다 위에 있다가 점점 가까워지면, 즉 5일 평균가가 점차 하락한다면 나도 팔고 싶은 심리가 생깁니다. 단기 투자심리는 볼 수 있는 선입니다.

• 20일 이동평균선(aka. 세력선)

20일 이동평균선은 '세력선'이라고 합니다. 특정 세력이 주가를 지키고 있다는 의미입니다. 여기서 세력이란 작전세력과 같은 특정한 세력을 의미하는 것은 아닙니다. 한 달 동안 여러 투자 주체들의 심리가 누적돼 나타나는 비슷한 투자 패턴을 의미합니다. 주가가 하락해 단기추세선이 세력선까지 내려왔다면 이 선에서 지지를 기대할 수 있습니다. 세력이 자기 가격을 방어하려고 할 테니까요. 근데 단기추세선이 세력선을 뚫고 아래로 내려가면 주가를 지키려는 특정 세력보다 매도세가 더 강하다는 의미겠죠.

• 120일 이동평균선(aka. 경기선)

120일 이동평균선은 6개월간의 평균 주가 흐름을 보여주며 '경기선'이라고 부릅니다. 경기선의 흐름에 따라 본격적인 상승 랠리 rally 로 접어들었는지를 판단하는 신호로 사용됩니다.

| 랠리 | 증시가 약세에서 강세로 전환하는 것을 뜻하는 말이다. 하락된 주가가 크게 상승할 때 랠리라는 말을 사용한다.

투자 판단의 치트키

기술적 분석은 초보 투자자에게 소개하기에 마음에 걸리는 부분이 있습니다. 기술적 분석에 사용하는 다양한 지표들은 과거 투자자들의 행태를 담고 있습니다. 공포와 탐욕이 오가는 주식시장에서 사람들은 의외로 비슷한 반응을 보입니다. 과거의 투자 패턴을 분석하면 여러 사람의 행태를 유추할 수 있습니다. 하루도 쉼 없이 움직이는 주가의 패턴을 분석하면 적절한 매수 타이밍을 잡는 데 중요한 기준을 잡을 수 있습니다.

개별 기업을 분석하려면 품이 많이 듭니다. 여러 기업을 분석해 비교하려면 할 일이 참 많습니다. 그러나 차트 분석은 차트 분석 방법만 제대로 익히면 복잡한 기업 분석 없이 직관적으로 모든 종목 투자에 대한 판단을 내릴 수 있습니다.

그래서 주식 투자 상담을 하거나 주식을 추천해주는 분들이 기술적 분석을 근거로 투자 판단을 제안하는 경우가 많습니다. 주식 전문가라고 하더라도 상장된 모든 주식에 대한 투자 판단을 할 수는 없습니다. 하지만 여러 사람의 주식 투자 상담을 해줘야 하는 입장에서 기술적 분석은 전가의 보도처럼 모든 종목에 대해 매수·매도 타이밍, 목표주가, 손절주가를 제시할 수 있죠.

기술적 분석을 대하는 올바른 태도

그러나 차트가 이렇게 나왔으니 내일 주가는 무조건 어떨 것이라고 판단하는 것은 좋지 않습니다. 기술적 분석에 매몰되다 보면 주가를 움직이는 다양한 변수에 대한 고려 없이 그날 그날의 가격만 보게 됩니다. 기술적 분석은 과거의 패턴을 분석한 것일 뿐 반드시 미래에 반복된다고 장담할 수는 없습니다. 어렴풋한 직선과 모양은 그때그때 어떻게 그리냐에 따라 완전히 다른 투자 판단의 근거로 활용될 수 있습니다. 온라인 게시판에서는 귀에 걸면 귀걸이 코에 걸면 코걸이 식으로 이용되는 기술적 분석을 비꼬며 고양이 차트, 기영이 차트 등을 그리기도 합니다.

기영이 차트

기술적 분석은 제대로 활용하면 주식의 매수·매도 시점에 대한 판단을 돕는 도구로 활용할 수 있습니다. 또 주가의 패턴을 분석하는 방식이기 때문에 컴퓨터 알고리즘으로 매수·매도 시점을 포착할 수 있습니다. 굉장히 매력적이면서도 오용될 여지도 많은 분석 방식이기 때문에 공부하려면 제대로 하는 게 중요합니다. 어떻게 활용하느냐에 따라 중요한 지표가 될 수도 있고, 단기 묻지마 투자를 부추길 수도 있습니다.

• 3장을 마치며 •

이번 장에서는 기업 가치를 분석하는 두 가지 방법, 탑다운과 바텀업 방식에 대해 알아보았습니다. 그리고 봉차트와 이동평균선을 통한 기술적 분석법에 대해서도 간략히 살펴보았죠. 하지만 앞서 말씀드렸듯이 기술적 분석은 제대로 활용하면 좋으나 잘못 활용하면 묻지마 투자를 부추길 수 있으니 조심하세요. 이제부터 우리는 본격적으로 기업 가치에 대해 분석해보려 합니다. PER, PBR, PSR, ROE 지표를 활용할 건데, 우리가 흔히 아는 기업들과 함께 알아볼 테니 겁먹지 말고 따라오세요!

BEST 4

돈 버는
기업을 찾는
지표 분석법

PER로 버는 돈에 비해 싼 기업 고르기

맛없는 과자는 아무리 싸도 가치가 없다

주식 투자로 돈을 벌려면 싸게 사서 비싸게 팔아야 합니다. 말은 쉬운데 실제로 이 주식이 싼지 비싼지 판단하기가 쉽지 않습니다. 지금 기업의 실적이 좋아서 주가가 오르는 건 알겠는데, 얼마까지 올랐을 때 비싸다고 할 수 있는지 기준을 모르는 것이죠.

주식 투자를 할 때 반드시 알아야 할 지표로 주가수익비율인 PER을 많이 언급합니다. PER은 수익에 비해 기업의 가치가 어느 정도인지 판단하는 지표입니다. 싸다 비싸다를 이야기하려면 기준이 있어야 합니다. 이 주식이 얼마짜리인지 알고 현재 판매가를 알아야 싼지, 비싼지 판단할 수 있죠. 예를 들어, 1000원짜리를 500원에 팔고 있으면 싼 거고, 100원짜리를 500원에 팔고 있으면 비싼 겁니다. 그래서 이 주식이 얼마짜리인지 나타내는 '적정 가치'가 중요합니다.

적정 가치란 그 물건의 효용을 의미합니다. 과자라면 맛있어야 하고, 자동차라면 잘 달려야 합니다. 맛없는 과자와 느린 자동차를 아무리 저렴하게 팔아도, 그걸 저렴하다고 할 수 있을까요? 가치에 비해 가격이 싸야 싸다고 할 수 있는 거죠. 즉, 우리가 사려는 물건인 '기업'이 어떤 가치를 지니고 있는지 먼저 판단해야겠죠.

주가수익비율 PER 이해하기

기업은 본질적으로 돈 버는 도구입니다. 혼자서 장사를 하면 아무리 해봐야 내가 가진 돈과 노동력, 기술을 가지고 작은 규모로 장사를 할 수밖에 없습니다. 사람들이 사업을 크게 벌여 큰돈을 벌기 위해 돈과 사람, 기술을 모으는 도구가 바로 기업입니다. 그리고 기업이라는 도구가 만들어내는 효용은 순이익입니다. 기업이 지금 얼마를 벌고 있고, 지금 얼마에 팔리고 있느냐가 중요하다는 거죠.

예를 들어, 100만 원을 버는 '조아기업'이 100만 원에 팔린다고 해보죠. 50만 원을 버는 '나빠기업'도 100만 원에 팔립니다. 둘 중 하나를 고르라면 당연히 조아기업을 사야겠죠. 조아기업과 나빠기업 중 어디를 고를 것인지를 지표로 만든 것이 PER입니다. PER이 낮을수록 저평가된 기업입니다. PER을 구하는 식은 다음과 같습니다.

$$PER = \frac{주가}{순이익}$$

참고로 수식을 외우거나 직접 계산하지 않아도 HTS와 MTS에 다 나와 있습니다. 조아기업의 PER을 계산해보죠. 주가 100만 원을 순이익 100만 원으로 나누면 1입니다. 나빠기업의 PER은 주가 100만 원을 순이익 50만 원으로 나눴으니 2입니다. PER이 낮을수록 저평가된 기업이라고 앞서 말씀드렸습니다. 즉, 나빠기업보다 조아기업의 주식이 더 싼 것이죠. 그렇기 때문에 우리는 조아기업의 주식을 사야합니다. PER이 낮은 종목은 어떤 것들이 있을까요?

저PER 주식 리스트(2020년 2월 기준)		
순위	종목명	PER
1	이지스밸류리츠	0.79
2	한진중공업	1.36
3	사조대림	1.55
4	동양고속	2.08
5	HDC	2.7
6	두산	2.89
7	한신공영	3
8	KG케미칼	3.01
9	이스타코	3.02
10	HDC현대산업개발	3.09

PER이 낮은 게 좋다고 하는데 막상 저[低]PER 주식들을 보니 별로 매력적이지 않습니다. 단순히 PER이 낮은 주식 순위를 매겨 가장 낮은 주식을 찾는 방식은 투자에 큰 도움이 되지 않습니다. 그렇다면 PER은 어떻게 활용하면 될까요?

PER의 한계를 알고 활용하자

PER은 참 매력적인 지표지만 여러모로 한계가 있습니다. 기업마다 돈 버는 방식이 달라서 단기 실적에 따라 숫자가 크게 달라진다는 거죠. 예를 들어 김밥천국과 냉면집의 실적을 생각해보죠. 김밥천국은 1년 내내 계절에 상관없이 안정적인 실적을 냅니다. 반면에 냉면집은 여름에는 엄청 장사가 잘되지만 겨울에는 장사가 잘 안됩니다. 분기별로 실적 분석을 하면 같은 주가 수준에서도 1분기에는 김밥천국이 실적이 좋으니 싸 보이고, 2분기에는 냉면집이 실적이 좋으니 싸 보입니다.

매년 안정적인 수익을 내는 종이 회사와 3~5년 순환 주기를 보이는 화학 산업도 마찬가지입니다. PER을 기준으로 비교하면 판단을 잘못할 수 있죠. 또한, 카카오의 PER은 331배이고 신한지주는 6배에 불과합니다. 신한지주가 훨씬 싸게 거래되고 있지만 그렇다고 무작정 신한지주를 선택하면 안 됩니다. 카카오는 미래 성장 가능성을 크게 평가받고 있고 금융주는 성장 기대가 크지 않기 때문입니다.

하지만 카카오와 네이버를 비교한다면 어떨까요? 카카오는 331배에 거래되고 있는데 네이버는 60배입니다. 비슷한 업종인데 차이가 큽니다. PER만 봐도 카카오가 매우 비싸다는 걸 알 수 있습니다. 성장에 대한 기대감으로 주가가 더 올라갈 수는 있겠지만 비싼 건 비싼 겁니다.

매수와 매도 시점을 잡을 때도 활용하면 좋은 지표

매수·매도 시점을 잡을 때 PER을 활용하기도 합니다. PER은 해당 업종에 대한 기대치입니다. 주당순이익에 PER을 곱하면 주가가 됩니다. 기대치는 꽤 보수적으로 결정되기 때문에 긴 시계열로 보면 적정 PER이 잘 바뀌지 않습니다. 현재 주가가 적정 PER에 비교해 지나치게 높다면 매도 시점이라고 볼 수 있다는 거죠.

오른쪽의 차트는 기아의 PER 밴드입니다. 과거에 주가가 PER 몇 배에서 움직였는지를 보여주는 차트를 'PER 밴드'라고 하는데요. 밴드를 살펴보면 기아의 주가는 PER 10배에서 13배 사이에서 움직였다는 걸 확인할 수 있습니다. 그러다 주가가 급등하면서 17배를 넘어서기도 했습니다. 애플카와의 제휴에 대한 기대감으로 주가가 급등했기 때문입니다. 하지만 다시 13배 수준으로 내려온 것을 확인할 수 있습니다. 기아의 주가가 10배 수준으로 내려온다면 충분히 싸졌다고 판단할 수 있습니다.

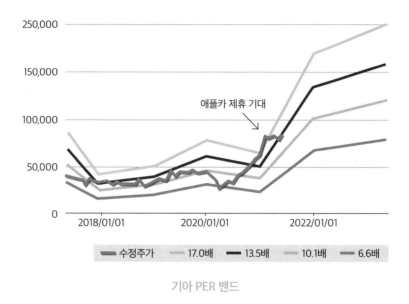

기아 PER 밴드

참고로 PER 차트는 네이버 금융 종목분석 코너에 들어가거나 구글에 '기아 PER 밴드'라고 검색하면 증권정보업체 에프앤가이드가 제공하는 차트가 나옵니다.

기업의 본질은 순이익을 만드는 도구입니다. 주가는 순이익 외에도 수많은 이유로 움직이지만 가장 믿을 만한 기준은 순이익입니다. 시장이 과열되거나 공포에 떨 때 기준이 되는 PER을 확인하며 마음을 다잡는 것도 중요한 투자의 자세입니다.

반도체에 투자한다면 PER 해석은 이렇게!

반도체 업종의 경우 불황일 때 설비투자를 잘 해놔야 호황일 때 반도체를 제대로 팔 수가 있습니다. 따라서 설비투자를 하는 시기에는 순이익이 적게 나올 수밖에 없고, 순이익이 적으니 PER도 높을 수밖에 없습니다. 하지만 설비투자가 마무리되고 본격적으로 호황을 맞아 반도체가 잘 팔리면 순이익이 급증합니다. 그러면 PER이 점점 내려가죠. 따라서 반도체 업종은 PER이 낮을 때 사면 고점일 수 있습니다. 그래서 이 경우 본격적으로 돈을 벌기 위해 설비투자를 하느라 PER이 높을 때 주식을 사야 합니다. 사이클을 갖는 사업들은 이런 모습이 나타납니다. PER이라는 지표는 매우 중요한 기준이지만 산업에 따라 다르게 적용해야 합니다.

PBR로
진짜 부자 기업 찾기

주가순자산비율, PBR

PER이 순이익에 비해 기업의 가치가 어느 정도인지 평가하는 지표였다면, PBR은 순자산에 비해 주가가 어느 정도 선에 거래되는지 살펴보는 지표입니다. 기업의 자산은 기업이 보유하고 있는 부동산과 현금 등을 말하며, 순자산은 기업의 자산에서 부채를 뺀 것을 의미하죠. 기업의 가격인 시가총액을 순자산으로 나누면 PBR 수치가 나옵니다.

기업의 순자산과 기업의 가격, 얼핏 보면 같은 개념으로 이해할 수 있습니다. 하지만 생각해봅시다. 대부분 기업의 순자산과 시가총액은 일치하지 않습니다. 현금만 1000억 원이 넘게 있어도 시가총액이

1000억 원이 안 되는 경우가 많습니다. 그 이유는 실제로 그 회사 주식을 다 사서 현금으로 바꾸는 일은 불가능하기 때문입니다. 기업의 가치와 가격은 다르게 움직인다는 걸 여실히 볼 수 있는 지표가 주가순자산비율, PBR입니다.

오래된 기업이라 자산은 많은데 성장성이 없다면?

분수에서 기준이 되는 것은 분모로 갑니다. 우리는 지금 가진 순자산에 비해 주가가 얼마인지를 보려고 하는 것이기 때문에 순자산이 분모로 갑니다. 주가는 분자로 가죠.

$$PBR = \frac{주가}{순자산}$$

순자산 가치와 주가가 같다면 PBR은 1이 됩니다. 순자산에 비해 주가가 낮다면 PBR은 1보다 낮은 숫자가 나옵니다. 앞서 설명했듯 1000억짜리 건물이 있는 기업의 주가가 1000억 원 미만에서 거래가 되고 있다는 거죠. 극단적으로 PBR이 낮은 기업을 살펴보죠.

종목명	PBR
휴스틸	0.15
세아홀딩스	0.15

경동인베스트	0.17
한화생명	0.18
세원정공	0.19
한국전력	0.22

PBR이 0.15라는 것은 1000억짜리 빌딩이 있는 기업을 150억 원에 살 수 있다는 의미입니다. 말이 안 된다고 생각하겠지만 실제로 그렇게 거래가 되고 있습니다. 다우기술, KIS홀딩스, 아이디스홀딩스 등은 보유한 현금이 시가총액보다 2~6배나 많습니다. 그 이유는 앞서 설명했듯 그 회사 전체를 사서 순자산을 다 팔아 현금화하지 않기 때문입니다. 주가는 많은 투자자가 좋아하고 주식을 사고 싶어 해야 오릅니다. 매력 없는 주식은 아무리 싸도 사려고 하지 않습니다. 그래서 주가가 오르지 않을 거라는 인식이 생기면 매수세가 생기지 않습니다. 그러다 보니 장기 저평가가 되는 거죠. 오래된 기업이라 자산은 많은데 성장성이 없고 그렇다고 배당을 많이 하지도 않는 기업의 경우 PBR이 극단적으로 낮게 나타납니다.

잃지 않는 투자 방식, 저PBR 투자

주가는 결국 본질 가치에 수렴한다고 믿는 가치 투자자들은 저평가 국면이 결국은 해소될 것이라고 보고 PBR이 낮은 기업에 투자합니다. 한국투자밸류자산운용이나 신영자산운용처럼 가치 투자를 지향하는 기관 투자자들이 이런 기업들의 주요 주주인 경우가 많습니다. 워런 버핏의 스승이자 가치 투자의 아버지라고 불리는 벤저민 그레이엄은 남들이 외면한 주식을 골라 투자하는 것으로 유명했습니다. 사람들이 관심이 없으니 주가가 낮은데 사실은 가진 것이 많은 주식, 바로 저PBR 주식입니다. 본질 가치와 비교하면 시장 가치가 낮은 기업들을 찾아 장기 투자를 하면 결국은 본질 가치를 찾아간다는 것이 벤저민 그레이엄의 생각이었습니다. 그의 투자 회사는 30여 년간 매년 17% 이상 높은 수익을 달성했습니다. 저PBR 투자는 '잃지 않는 투자'라고도 불립니다. 아무리 내려가도 이보다 더 싸질 수는 없다고 믿으며, 만약 그 기업이 망해서 청산이 되더라도 자산을 팔면 손해 보지 않는다고 생각하기 때문입니다.

저PBR 주식에 투자한다면

저PBR 주식은 안정성 측면에서는 매력이 있습니다. 하지만 주의해야 할 점이 있습니다. 정보에 대한 접근성이 낮았던 시절에는 방치된 저PBR 주식이 있을 수 있지만, 최근에는 누구나 기업 정보를 쉽게 알 수 있어 기업의 자산이 알려지지 않는 경우는 드뭅니다. 오히려 저평가될 만한 이유가 있어서 저평가되는 경우가 대부분입니다. 대주주가 투자자들을 무시하며 배당하지 않는다든지, 나쁜 지배구조 개편으로 소액주주들의 몫을 빼앗는다든지, 사양 산업에 있는 기업이라 전망이 어둡다든지 등입니다.

예를 들어 한국전력은 엄청난 규모의 부동산과 인프라 자산을 보유하고 있습니다. 하지만 전기요금을 정부가 강력하게 통제하고 있어 회사가 크게 성장할 것이라는 기대가 없습니다. 돈을 좀 번다 싶으면 바로 전기요금을 인하하라는 압력이 들어오기 때문입니다. 게다가 친환경 전력 생산이 늘어나면 한국전력의 부담은 더 커집니다. 친환경 전력이 원가는 더 비싼데 전기요금을 더 받기는 어렵기 때문입니다. 그러니 PBR이 0.22배 수준인데, 아무리 시간이 지나도 저평가가 해소되지 않습니다.

금융주도 마찬가집니다. 은행은 대출 이자 수익과 수수료 수익으로 돈을 법니다. 그런데 정부가 대출을 규제하고 수수료 수준에 대해서도 규제하므로 산업 전망이 밝지 않습니다. 금융주들은 대부분 PBR 0.3~0.4배 수준에서 움직이고 있습니다.

실전 투자에서 PBR 활용하기

PBR은 설비를 가진 기업의 주가를 분석할 때 유용한 지표가 됩니다. 기업들이 1000억 원 규모의 설비투자를 할 때는 예상하는 매출과 이익이 있습니다. 장사가 잘되고 공장이 활발하게 돌아가면 돈도 많이 벌고 주가가 높아지면 PBR 1배 이상이 됩니다. 반대로 장사가 안되고 공장 가동률이 떨어지고 매출과 이익이 감소하면 주가가 낮아져서 PBR이 1배 미만으로 떨어집니다. 그런데 장사가 아무리 잘돼도 설비를 활용해 생산할 수 있는 물량은 한계가 있습니다. 10개 만드는 공장에서 12개는 만들 수 있겠지만 20개를 만들 수는 없죠. 그래서 순자산 지표인 PBR은 기업의 주가를 안정적으로 분석하는 툴이 됩니다.

• 조선업

PBR은 실적으로 평가하기 어려운 기업을 분석할 때 유용합니다. 예를 들어 조선업은 PBR 지표로 주가 수준을 평가합니다. 일반적인 제조 기업은 물건을 만들어 팔면 매출이 올라가고 이익이 납니다. 조선사는 선박을 수주하면 2년여에 걸쳐 선박을 건조합니다. 그러면서 공정이 진행되는 정도에 따라 매출과 이익을 인식합니다. 예를 들어 3000억짜리 선박을 3년 동안 만들면 1년에 1000억 원씩 매출이 잡힌다는 거죠. 지금 나오는 매출과 이익은 과거 수주의 결과물입니다. 미래 가치를 가늠하는 주가를 과거 데이터만 가지고 분석할 수는 없습니다. 그래서 보통 조선사는 PBR로 주식을 평가합니다. 통상은 PBR 1배를 기준으로 경기가 좋으면 1배쯤 되고, 안 좋으면 0.5배 이하로까지 떨어집니다. 조선사들이 수주도 많이 하고 경기도 좋아 보이는데 주가가 PBR 0.7배 이하에서 거래가 되고 있다면 좋은 매수 기회입니다. 반대로 경기는 그냥 그런데 주가가 PBR 1배 수준에서 거래되고 있다면 매도를 생각해봐야 합니다.

PBR 차트

| 75,000 |
| 50,000 |
| 25,000 |
| 0 |

코로나19 영향

2018/01/01　2019/01/01　2020/01/01　2021/01/01　2022/01/01　2023/01/01

━ 수정주가　── 1.1배　━ 1.0배　── 0.8배　── 0.7배

현대미포조선의 PBR 밴드

　　현대미포조선의 주가가 PBR 몇 배 수준에서 움직였는지를 보여주는 PBR 밴드 차트입니다. 좋을 때는 1배, 나쁠 때는 0.7배 이하에서도 움직인 것을 볼 수 있습니다. 경기가 좋아서 주가가 오르고 있다면 1배 수준까지는 오를 거라고 기대할 수 있습니다. 반면 경기가 안 좋아도 0.7배 수준에서는 지지가 될 거라고 기대할 수 있죠. 2020년 코로나19 영향으로 조선사들이 수주를 많이 못 했습니다. 하반기 들어 수주가 살아나면서 조선사들의 주가도 많이 올랐죠. 이후 지지부진한 모습을 보였는데 고점에 대한 신호는 PBR 1배였습니다. 그러다 선박 가격이 높아지면서 수주가 늘어나는 모습을 보이며 1배를 돌파하자, 단숨에 1.7배까지 급등하기도 했습니다.

• 경기 민감주

경기에 민감한 업종의 경우에도 PBR은 중요한 지표가 됩니다. 경기 민감주는 경기가 좋을 때 이익이 많이 납니다. 경기가 안 좋을 때는 이익이 대폭 줄죠. 돈을 잘 벌 때는 PER이 확 낮아졌다가 못 벌 때는 확 높아집니다.

예를 들어, 앞서 언급한 반도체 산업은 가장 돈을 많이 버는 슈퍼 사이클super-cycle의 고점에서 PER이 가장 낮게 나타납니다. 경기는 고점인데 이익은 최고치이기 때문입니다. PER이 낮다고 매수했다가는 가장 높은 시세에 주식을 매입할 수 있습니다. 소위 상투를 잡는다고 하죠. 그래서 삼성전자는 PBR로 보는 경우가 많습니다. 경기가 좋을 때는 PBR 1배 수준에서 거래되고 경기가 좋으면 2배까지 갑니다. 경기가 좋은데 1배 초반에서 거래된다면 '저평가됐으니 사도 괜찮겠다'고 판단할 수 있습니다. 반대로 PBR이 2배에 도달했다면 '추가적인 모멘텀이 없으면 싸다고 보기는 어렵겠네'라고 생각할 수 있습니다.

오른쪽에 삼성전자의 주가가 PBR 몇 배 수준에서 움직였는지를 보여주는 PBR 밴드 차트가 있습니다. 안 좋을 때는 1.1배 수준에서 좋을 땐 2.1배 수준에서 움직이는 것을 볼 수 있습니다. 그러나 2.1배를 넘은 적은 없죠. 그러다 보니 PBR을 주요한 지표로 보는 투자자들은 주가가 2배 수준까지 올라오면 충분히 높다고 판단해서 매도합니다. 고점을 돌파하려면 이전과는 다른 모멘텀이 필요하겠죠.

PBR은 기업의 펀더멘탈fundamental을 반영하기 때문에 투자 판단

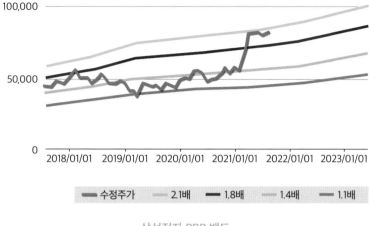

삼성전자 PBR 밴드

을 할 때 유용한 지표가 됩니다. 노벨 경제학자 수상자인 유진 파마 시카고대 교수는 "PBR이 낮은 회사에 투자하면 주식시장 평균 수익률을 상회할 확률이 높다"고 말했습니다. PBR이 낮으면 무조건 적정 주가로 수렴하는 것은 아니지만 주가에 영향을 미치는 다양한 요인들과 함께 PBR을 잘 활용하면 좋은 투자 길잡이가 되어줄 것입니다.

| 펀더멘탈 | 한 나라의 경제 상태를 나타내는 데 가장 기초적인 자료가 되는 거시경제 지표. 성장률, 물가 상승률, 실업률, 경상수지 등이 있다.

PSR로 플랫폼 기업의 가치 알아보기

PSR 지표, 왜 필요할까?

PSR은 매출액에 비해 주가의 수준이 어느 정도인지를 비교하는 지표입니다. 따라서 PSR을 계산할 땐, 기준이 되는 매출액이 분모로 가고 주가는 분자로 갑니다. 만약 매출액이 1억 원이고 시가총액이 1억 원이면 PSR은 1이 됩니다.

$$\text{PSR} = \frac{\text{주가}}{\text{매출액}}$$

사실 PSR이라는 지표는 과거에는 잘 사용하지 않았습니다. 매출은 의외로 왜곡될 가능성이 큰 지표이기 때문입니다. 물건을 싸게 팔면 매출은 쉽게 올릴 수 있습니다. 하지만 비싸게 만든 물건을 싸게 팔아서 매출을 올려봤자 손실은 더 큽니다. 그런 식으로 매출을 올린 기업은 매출이 늘어났다고 해서 기업 가치가 개선됐다고 보기 힘듭니다. 나쁜 기업들이 분식회계를 할 때 가장 많이 왜곡하는 지표 중의 하나가 매출입니다. 매출보다 중요한 것은 순이익이죠.

아마존, 버는 족족 미래를 위해 투자하는 기업

최근 PSR이라는 지표가 관심을 받게 된 것은 플랫폼 기업들 때문입니다. 대표적인 기업은 아마존Amazon입니다. 시가총액이 1700조 원에 달하는 아마존은 창업 이후 20년 동안 이익을 내지 못했습니다. 아마존은 온라인 서점으로 시작해 돈을 벌자 상품을 다양화했고, 온라인을 넘어 오프라인 식료품 시장을 인수했습니다. 그리고 전자책 기기인 킨들kindle을 만들었고, 세계 최초의 무인 매장을 열기도 했습니다. 여기에 콘텐츠 사업OTT과 클라우드 서비스AWS도 시작했죠. 또 온라인뿐 아니라 오프라인 물류 창고에 엄청난 돈을 쏟아붓더니 오프라인 유통업체를 인수하기도 했습니다.

매출은 급격하게 늘었지만 아마존은 버는 돈을 족족 미래를 위해 투자했습니다. 순이익이 없으니 당연히 주주들에게 배당도 하지 않았습니다. 미국 주식시장에서 배당, 자사주 매입으로 기업 가치를 높이는 일은 경영자들의 필수 과제입니다. 번 돈을 최대한 주주들에게 돌려주고 주가를 올려야 하죠. 하지만 아마존의 CEO 제프 베이조스는 이익을 내지도 주주들에게 배당하지도 않았습니다. 하지만 미국 최대 유통회사인 월마트를 추월하고 아마존은 미국인들의 생활에 필수적인 플랫폼으로 성장했습니다.

투자자의 입장에서는 매우 난감한 상황입니다. 아마존은 플랫폼 구축으로 어마어마하게 경제력을 키우고 있는데, 막상 순이익이 적으니 제대로 가치평가가 안 됩니다. PER 지표로는 아마존을 전혀 설명할 수 없는 거죠. 또 온라인 플랫폼은 얼마나 많은 사람이 이용하느냐가 핵심적인 경쟁력입니다. 하지만 회원 수는 무형의 가치이기 때문에 자산으로 평가할 수 없습니다. 그러니 PBR 지표도 무용지물이라는 거죠. 수많은 고객으로부터 수집한 데이터와 이를 기반으로 맞춤형 상품 추천을 해주는 인공지능, 경쟁사들과 비교해 최적의 가격을 알려주는 기술 등은 그동안 기업을 설명해왔던 순이익과 자산 등으로 평가할 수가 없습니다.

카카오, 국민 메신저에서 거대 플랫폼 기업으로

빅데이터 기업이나 플랫폼 기업들은 당장 이익을 보지 않더라도 사람들이 많이 이용하면 할수록 '네트워크 효과'가 생겨서 다양한 사업을 할 수 있습니다. 카카오의 사례를 살펴볼까요? 카카오는 무료 문자 서비스인 카카오톡으로 사업을 시작했습니다. 통신사가 제공하는 문자 서비스를 이용할 때는 문자 하나를 보낼 때마다 돈을 냈는데, 무료로 문자를 보낼 수 있다고 하니 카카오톡 이용자는 폭발적으로 늘어났죠. 사람들은 '문자를 무료로 보내게 해주는 서비스로 어떻게 돈을 벌지?' 하고 생각했습니다. 카카오톡 이용자가 늘어날수록 카카오는 서버를 증설해야 하고, 이용료를 받지 않았기 때문에 적자가 커졌죠. 그래서 국민 메신저가 된 카카오톡은 망했나요? 결과는 다들 아실 겁니다. 전 국민이 이용하는 카카오톡은 엄청난 플랫폼이 됐습니다. 사람들이 많이 몰리니 매우 값비싼 광고판이 된 것은 물론이고, 플랫폼 위에 선물하기, 결제하기, 은행, 모빌리티, 이모티콘 판매, 게임, 콘텐츠 등을 올려 시가총액 7위 기업으로 성장했습니다.

쿠팡, 적자인 회사에 투자하는 이유

쿠팡 역시 마찬가지입니다. 쿠팡은 최근 4년간 4조 원의 누적적자를 기록했습니다. 다른 이커머스 업체들이 오픈 마켓open market 으로

| 오픈 마켓 | 판매자와 구매자에게 모두 열려 있는 인터넷 중개몰.

온라인에서 시장을 열 때 쿠팡은 물류센터를 직접 세웠습니다. 땅을 사고 건물을 짓고 운송을 할 쿠팡맨을 고용하면서 막대한 돈을 썼습니다. 그러면서 배송료를 낮게 유지해야 했기 때문에 고객이 늘어나면 늘어날수록 적자 규모도 커졌습니다. 작은 스타트업이 매년 1조 원씩 손해를 보니 다들 망할 거라고 했습니다. 최대주주인 손정의 소

| 소프트뱅크비전펀드 | 손정의 소프트뱅크 회장이 외부 투자자들의 자금을 모아 만든 펀드.

프트뱅크 회장이 소프트뱅크비전펀드* 등을 통해 투자금을 계속 넣어줘야 했죠. 이런 행태를 '캐시 버닝cash burning'이라고 합니다. 돈을 불에 태워 버린다는 거죠. 그렇게 막대한 돈을 쏟아부으며 서비스를 제공하면 다른 기업들이 경쟁하기가 어렵습니다. 경쟁사들을 죽이고 살아남으면 독점적인 경쟁력을 가진 업체가 됩니다. 쿠팡은 국내에서 가장 많은 물류센터를 가진, 그래서 가장 빨리 배송을 할 수 있는 업체가 됐습니다. 뉴욕증시에 상장하면서 쿠팡의 시가총액은 100조 원에 육박했습니다. 하지만 쿠팡은 여전히 적자입니다.

유통업의 경쟁력은 바잉 파워

플랫폼 기업 이전에 PSR 지표를 활용했던 산업은 유통업입니다. 유통은 누군가 만든 물건을 팔아주는 역할을 합니다. 백화점은 물건을 만들지 않지만 의류, 전자제품, 신선식품 등 다양한 물건을 팝니다. 유통업체에 있어 가장 큰 경쟁력은 손님을 얼마나 확보할 수 있느냐에 달렸습니다. 오프라인에서는 유동인구가 많은 지역에 있는지, 온라인에서는 회원 수가 많은지가 관건이겠죠. 손님을 많이 모을 수 있으면 바잉 파워buying power*가 생깁니다. 제조업체에게 많이 팔

| 바잉 파워 | 거래상 우월한 지위에 있는 기업의 구매력을 가리키는 용어.

아줄 테니 싸게 달라고 할 수도 있죠. 거래액이 늘어나면 협상력이 높아져 힘의 역전이

일어납니다. 지금 당장 이익을 많이 내지 못하더라도 매출이 늘어나면 늘어날수록 조금만 마진을 붙여도 큰돈을 벌 수 있습니다. 그래서 거래액을 중요한 경쟁력으로 보게 됐고 PSR 지표도 의미가 커졌습니다. 아마존, 구글, 애플, 페이스북 등 플랫폼 기업들의 기업 가치를 가장 잘 설명해주는 지표가 됐죠. 이용자가 많아지면 매출이 늘고 데이터도 더 많이 확보할 수 있습니다. 더 많은 데이터를 확보할수록 이용자에게 더 알맞은 광고를 보낼 수 있으므로 광고 효과도 커집니다. 그럴수록 더 많은 사람이 이용하기 때문에 다른 사람이 또 이용하게 되는 네트워크 효과가 나타납니다.

쿠팡의 시가총액이 높은 이유

뉴욕증시에 상장된 쿠팡의 시가총액도 PSR로 설명됩니다. 쿠팡의 매출액은 약 20조 원가량입니다. 상장하기 전 쿠팡의 시가총액은 PSR 1~2배 정도를 적용해 20조~40조 원 정도를 예상했습니다. 아마존의 PSR은 3.5배, 알리바바의 PSR은 5배가량입니다. 쿠팡은 이들보다 시장이 작고 경쟁력이 약하기 때문에 PSR 1~2배 정도를 적용했습니다. 그런데 막상 뚜껑을 열어보니 단숨에 PSR 5배를 인정받았습니다. 투자자들은 쿠팡의 아마존, 알리바바도 달성하지 못한 빠른 배송을 가능하게 한 것에 높은 점수를 줬습니다.

하지만 미국, 중국 등 거대 시장을 대상으로 사업을 하는 아마존,

| 게임 체인저 | 어떤 일에서 결과나 흐름의 판도를 뒤바꿔 놓을 만한 중요한 역할을 한 인물이나 사건, 제품 등을 이르는 말이다.

알리바바와 한국에서만 영업하는 쿠팡에 비슷한 PSR을 적용하는 것은 무리입니다. 확장성의 한계가 있기 때문입니다. 쿠팡 상장 이후 주가가 줄곧 내리막을 걷는 것도 이와 무관치 않아 보입니다. PSR은 적용할 때 신중할 필요가 있습니다. 매출이 늘어날수록, 가입자가 늘어날수록 경쟁력이 생기는 비즈니스 모델을 가진 기업은 PSR이 의미가 있습니다. PSR은 기업 가치에 비해 고평가를 내리는 함정에 빠질 수 있는 지표이지만, 미래에 게임 체인저game changer가 되어 시장을 모두 장악해 버릴 것 같은 기업을 설명하는 지표이기도 합니다.

자동차 회사인 테슬라는 왜 PSR로 분석할까?

최근에는 자동차 회사인 테슬라의 주가를 PSR로 설명하려는 시도가 있습니다. 자동차 산업은 상품을 팔아 이익을 남기는 산업이기 때문에 PSR을 적용하는 것이 적절하지 않습니다. 글로벌 자동차 회사에 비해 테슬라의 자동차 판매량은 적기 때문에 PER로는 높은 주가가 설명되지 않습니다.

테슬라를 PSR로 분석하려는 이유는 테슬라가 단순히 자동차 회사가 아닌 플랫폼 회사라고 인식되고 있기 때문입니다. 테슬라의 자율주행 전기차 플랫폼은 막대한 주행 데이터를 수집하며 인공지능 딥

러닝을 통해 서비스를 개선하고 있습니다. 그러면서 차량 판매뿐 아니라 소프트웨어 판매 수익을 창출하고 있습니다. 테슬라의 전기차 사업은 자동차 판매가 아니라 모빌리티 서비스 제공을 위한 플랫폼 구축에 더 중점을 두고 있다고 보는 거죠. 이 같은 해석에 많은 사람이 동의하기 때문에 테슬라는 다른 자동차 회사와 달리 주가가 높습니다.

ROE로 자본 잘 굴리는 기업 고르기

자기자본이익률, ROE

자기자본이익률인 ROE는 주식 투자를 할 때 가장 중요하게 보는 지표 중 하나입니다. 자기자본을 가지고 얼마나 이익을 냈는지를 확인하는 지표입니다. 같은 자기자본으로 돈을 더 많이 번 기업, 즉 ROE가 높은 기업이 좋은 기업입니다.

$$ROE = \frac{\text{당기순이익}}{\text{자기자본}}$$

기업의 근본은 주주들의 돈인 자기자본입니다. 기업을 경영하는 CEO는 주주들의 자금을 가지고 얼마나 많은 이익을 창출했는지 평가받습니다. 주주가 회사에 투자하는 이유는 투자금을 활용해 많은 이익을 내기 위해섭니다. 만약 나의 투자금으로 이익을 많이 내지 못하면 더 많은 이익을 낼 수 있는 능력 있는 CEO로 교체하고 싶어집니다. 그럴 수 없다면 그 회사의 주식을 팔아 수익률이 더 높은 곳에 투자해야겠죠.

ROE를 높이기 위해서 기업은 끊임없이 노력해야 합니다. 돈을 잘 버는 것을 넘어 번 돈을 투자해서 새로운 부가가치를 창출해야 합니다. 예를 들어, 1년에 1억 원을 버는 회사가 있습니다. 이 회사는 수익모델이 매우 안정적이어서 매년 1억 원씩 법니다. 돈을 잘 버는 것은 좋지만 이 회사는 그리 좋은 회사가 아닙니다. 왜일까요?

이 회사의 자기자본을 10억 원이라고 해보겠습니다. 1억 원을 벌면 자기자본은 11억 원으로 늘어납니다. 다음 해에 또 1억 원을 벌면 자기자본은 12억 원으로 늘어나겠죠. 10년이 지나면 자기자본은 20억 원으로 늘어납니다. 첫해에는 10억 원을 투자해 1억 원을 벌었으니 많이 번 것 같은데, 10년이 지나면 20억 원을 가지고도 1억 원밖에 못 버는 겁니다. ROE가 매년 떨어지는 거죠.

1년 차 ROE	$\dfrac{1억\ 원(당기순이익)}{10억\ 원(자기자본)} = 10\%$
10년 차 ROE	$\dfrac{1억\ 원(당기순이익)}{20억\ 원(자기자본)} = 5\%$

같은 돈을 벌었는데 1년 차 ROE는 10%인데 10년 차 ROE는 5%로 반토막이 납니다. ROE를 높이려면 번 돈을 투자해서 더 많은 돈을 벌어야 합니다. 기업은 마치 자전거를 타듯 성장의 페달을 밟지 않으면 넘어집니다.

현금이 많이 쌓여 있을수록 위험하다고?

돈을 많이 벌어서 기업 곳간에 현금이 많이 쌓여 있으면 어떨까요? 마음이 든든합니다. 하지만 기업을 평가할 때 현금이 많은 것은 '위험'으로 인식합니다.

삼성전자는 2020년 4분기 실적 발표를 하면서 현금을 너무 많이 가지고 있다는 비판을 받았습니다. 삼성전자는 사상 최대 배당을 했지만 한 애널리스트는 "이런 식의 자금 운용 비율을 유지하면 현금이 계속적으로 증가한다"고 지적했습니다. 이에 대해 삼성전자는 "지난해 M&A를 제대로 실행하지 못해 보유 현금이 증가했다"며 "지속적인 현금 증가는 회사 경영에 부담이 되는 게 사실"이라고 말했습니다. 또 "대규모 M&A를 통해 현금 증가에 대한 위험이 감소하도록 최선을 다하겠다"고 강조했습니다. 경영자는 주주들의 몫인 자기자본을 그냥 버려두면 안 됩니다. 끊임없는 재투자로 새로운 수익을 창출해서 ROE를 높여야 합니다. 만약 ROE를 높일 자신이 없다면 주주들에게 돌려줘야 합니다.

ROE를 높이는 가장 좋은 방법은 당기순이익을 많이 내는 겁니다. 또 분모가 되는 자기자본을 줄이는 방법도 있습니다. 자기자본을 원래 주인인 주주들에게 돌려주는 거죠. 자기자본을 줄이려면 주주들에게 돌려주는 자사주 소각, 배당 등의 주주 환원책을 써야 합니다. 10년 후에 자기자본이 20억 원이고 순이익이 1억 원이면 ROE는 5%입니다. 그런데 10억 원을 배당하면 자기자본은 다시 10억 원이 되고, ROE는 10%가 됩니다.

애플의 시가총액이 삼성전자의 4배인 이유

애플은 세계에서 가장 비싼 기업입니다. 아이폰, 아이패드, 맥 등 IT 기기는 물론 에어팟 같은 액세서리, 앱스토어 등 모바일 생태계를 구축해 세계에서 가장 강력한 경쟁력을 가지고 있습니다. 돈도 잘 벌고 이익률도 높습니다. 주가가 비쌀 만합니다. 삼성전자도 좋은 기업입니다. 세계 1위 메모리 반도체 업체이기도 하고 스마트폰, 가전, 통신 장비 분야에서도 세계적으로 손꼽히는 기업입니다. 애플은 2020 회계연도에 82조 4000억 원을 벌었고, 삼성전자는 35조 9500억 원을 벌었습니다. 애플이 더 많이 벌긴 했으니 애플이 삼성전자보다 비싸야 한다는 것은 인정합니다. 하지만 애플의 시가총액은 2300조 원에 달하는데, 삼성전자의 시가총액은 그 4분의 1인 560조 원입니다. 이렇게까지 차이가 큰 이유는 뭘까요?

두 기업의 ROE를 비교해봅시다. 삼성전자의 ROE는 8.7%, 애플의 ROE는 무려 75%에 달합니다. 애플은 지난 7년 동안 3000억 달러, 약 340조 원 규모의 자사주를 매입해 소각했습니다. 벌어들인 돈을 주주들에게 돌려줬기 때문에 ROE가 확연하게 개선됐습니다. 돈을 잘 벌기도 하거니와 주주들에게 돌려주는 규모도 크니 투자자들은 애플에 환호하고 있습니다. 더 많은 투자자가 애플 주식을 선호하는 만큼 주가는 더 올랐습니다. 기업이 이익을 창출하는 능력, ROE는 PER과 더불어 매우 중요한 투자 지표입니다.

•4장을 마치며•

이번 장에서는 PER, PBR, PSR, ROE 지표를 활용해 기업 가치를 분석하는 법을 알아보았습니다. 카카오, 네이버, 쿠팡 등 우리에게 익숙한 기업들과 함께 살펴보니 흥미롭죠? 이처럼 기업 분석은 겉으로 보면 어려울 수 있지만, 기업의 가치를 알아보는 일이기 때문에 상식적으로 접근하면 어렵지 않습니다. 이제 경제 뉴스도 더 재밌게 읽을 수 있을 겁니다. 다음 장에서는 주식을 하다 보면 마주치는 다양한 상황들에 어떻게 반응해야 좋을지 알려 드릴게요.

모르면
큰일 나는 투자
위기 대처법

유상증자, 어떻게 반응해야 해요?

주식을 새로 발행해 파는 일, 유상증자

사업을 하다 보면 자금이 더 필요해서 자금을 조달해야 할 때가 있습니다. 예를 들어 물건을 만들기 위해 원재료를 사야 한다거나 공장을 증설해야 하는 상황 등이 있겠죠. 그럴 때 자금을 조달하는 방법은 두 가지가 있습니다. 하나는 은행에 가서 대출을 받는 겁니다. 대출을 받으면 매달 정해진 이자를 내야 하고, 만기가 되면 상환을 해야 합니다. 두 번째 방법은 주식을 새로 발행해서 기존 주주나 다른 사람에게 파는 겁니다. 주식을 발행하면 매달 이자를 내지 않아도 되고 만기가 없습니다.

유상증자는 가장 먼저 기존 주주들을 대상으로 진행합니다. 이를 주주 배정 유상증자라고 합니다. 그러나 기존 주주들에게 유상증자는 그리 달가운 일이 아닙니다. 유상증자를 하면 새로 주식을 발행하기 때문에 주식수가 늘어납니다. 그만큼 1주당 자산과 이익은 줄어들죠. 돈은 더 내지만 지분율은 그대로이고 그렇다고 안 내면 주당 순자산, 순이익이 낮아집니다.

예를 들어 친구와 함께 월세를 절반씩 내며 같은 집에 살고 있다고 합시다. 그러다 집주인이 월세를 50% 올려달라고 했습니다. 친구와 내가 월세 인상분을 절반씩 낼 수도 있고, 다른 친구 한 명을 데려와 같이 살며 월세 인상분을 내도록 할 수 있습니다. 그러면 친구와 내가 내야 할 월세 부담은 그대로이지만 한 명이 더 들어오기 때문에 1인당 공간 점유율은 낮아집니다.

기존 주주들에게는 싸게 팝니다

좋을 게 없어 보이는 유상증자이지만 그나마 기존 주주들에게 이득인 점은 주주 배정 유상증자를 할 때 발행되는 새 주식은 기존 주식보다 싸게 살 수 있다는 것입니다. 1만 원짜리 주식을 9000원, 8000원에 살 수 있게 해준다는 거죠. 주주를 대상으로 주주 배정 유상증자를 할 때는 할인율에 제한이 없습니다.

물론 주주가 아닌 일반인을 대상으로 유상증자를 할 때는 할인율을 30%로 제한하고 있습니다. 이를 일반 공모 유상증자라고 하며, 발행 가격을 산정하는 공식이 있습니다. 너무 싼 가격에 발행해서 기존 주주들에게 피해를 주면 안 되기 때문에 다소 복잡하게 계산을 합니다.

일반인이 아니라 특정한 사람을 대상으로도 유상증자를 실시할 수 있습니다. 이를 제3자 배정 유상증자라고 합니다. 제3자 배정 유상증자의 할인율은 10%로 제한하고 있습니다. 대주주가 친한 사람에게 주식을 헐값에 발행해 파는 일을 방지하기 위해섭니다.

유상증자, 호재일까? 악재일까?

유상증자는 회사가 돈이 필요해서 주주들에게 손을 벌리는 것이기 때문에 좋을 건 없습니다. 증자에 참여하면 내 돈이 추가로 들어가고 주식수는 늘어나는데 지분율은 그대로이고, 주당순이익, 주당순자산도 그대로입니다. 주식을 싸게 살 수 있다는 장점이 있지만, 주가가 하락할 수 있다는 점에서 중립적입니다. 그렇다고 유상증자가 무조건 악재인 것은 아닙니다.

• 호재: 신규 투자를 하는 경우

신규 투자를 위해 유상증자를 한다면 호재입니다. 회사가 빠르게 성장하는 과정에서 자금이 필요해 주주들에게 손을 벌리는 경우입니다. 이 경우에는 신규 투자를 하면 회사가 더 큰 신규 투자를 할 수 있기 때문에 주가 상승을 기대할 수 있습니다. 예를 들어 테슬라는

2020년 두 차례에 걸쳐 유상증자를 실시했고 막대한 규모의 주식이 새로 발행됐습니다. 테슬라는 굉장히 빠르게 성장하는 회사이고 투자자들은 일론 머스크 CEO를 신뢰하고 지지합니다. 사업 확장을 위해 더 투자해달라는 요청에 투자자들은 기꺼이 응했습니다. 유상증자를 통해 오히려 주가가 상승한 것이죠.

• 악재: 돈이 없어서 손을 벌리는 경우

돈이 없어서 주주들에게 손을 벌리기 위해 시행되는 유상증자는 악재입니다. 예를 들어 빚을 갚아야 하는데 돈이 없어서 유상증자를 하는 거죠. 빚을 못 갚으면 부도가 납니다. 그러니 주주들에게 말하는 거죠. "빚을 못 갚겠는데 부도를 낼까요, 아니면 돈을 좀 더 내실래요?" 주주들은 회사가 망하게 하지 않으려면 울며 겨자 먹기로 돈을 내야 합니다. 주주들이 돈을 내봐야 그 돈은 고스란히 빚쟁이들에게 갑니다. 이런 경우 회사의 성장을 기대하기는 힘듭니다. 망하지 않은 것만으로도 다행이라고 안심하는 것이 다입니다.

유상증자로 회사를 매각한다면?

유상증자 방식으로 회사를 매각하는 경우도 있습니다. 일반적으로 회사를 매각한다고 하면 최대주주가 다른 사람에게 자기 지분을 매각하는 경우를 생각합니다. 기업은 그대로인데 최대주주가 바뀌는 거죠. 그러나 유상증자 방식의 기업 매각은 최대주주의 주식이 아니라 새로 발행한 주식인 '신주'를 팔아서 주인이 바뀌는 것입니다. 특정한 사람이 신주를 다 샀는데 그 수량이 기존 최대주주의 주식수보다 많으면 최대주주가 바뀝니다. 예를 들어 회사의 전체 발행주식수가 100주인데, 신주 100주를 더 발행해서 제3자에게 배정할 수 있습니다. 그러면 신주 100주를 산 제3자는 지분율이 50%이므로 최대주주가 되죠. 기존 주주들의 지분율은 전부 반 토막이 납니다.

부실한 회사가 종종 이런 유상증자를 합니다. 회사에 돈이 필요하기 때문입니다. 최대주주가 자기가 가지고 있던 주식을 팔면 그 돈은 최대주주의 주머니로 들어갑니다. 기존에 최대주주가 가지고 있던 주식을 옛날 주식이라고 해서 '구주'라고 합니다. 구주를 팔면 그 주식을 가지고 있던 주주에게 돈이 지급되기 때문에 기업 곳간에는 아무런 도움이 되지 않습니다. 기업이 신주를 발행해서 팔아야 기업의 곳간이 채워집니다. 신주를 발행하고 기존 주주들이 십시일반 돈을 내서 회사 곳간을 다시 채우면 문제가 되지 않지만 그럴 여력이 없을 때는 지분율 하락을 감수하고도 외부 투자자에게 신주를 팔게 됩니다.

금호아시아나그룹은 아시아나항공을 현대산업개발에 매각을 추진한 바 있습니다. 당시 인수대금은 2조 5000억 원이었습니다. 아시아나항공의 시가총액은 1조 원밖에 안 되는데 어떻게 인수대금은 2조 5000억 원이나 되었을까요? 현대산업개발이 산 아시아나항공 주식은

3000억 원에 불과했습니다. 나머지 2조 2000억 원은 신주로 산 것이죠. 그러면 3000억 원은 구주를 가지고 있던 금호아시아나그룹에게 지급되고, 2조 2000억 원은 신주를 발행한 아시아나항공 금고로 들어갑니다. 아시아나항공은 그 돈으로 빚을 갚아 재무구조를 건실하게 만들 수 있었죠. 그러나 참고로 이 인수합병은 코로나19의 여파로 무산되었습니다.

새 주인의 성격에 따라 미래가 달라진다

기존 최대주주가 최대주주의 지위를 내려놓으면서까지 신규 투자를 유치하는 이유는 대부분 회사가 신규 투자 없이 버틸 수 없기 때문입니다. 망해서 지분이 휴지 조각이 되느니 최대주주 지위를 내려놓더라도 신규 투자를 받는 겁니다. 작은 회사의 제3자 배정 유상증자를 유심히 봐야 하는 이유는 바뀌는 주인의 성격에 따라 미래가 완전히 달라지기 때문입니다.

건실한 기업인이 회사의 새로운 주인이 된다면 신규 사업을 할 수 있습니다. 하지만 회사를 키우기보다 있는 자산을 빼먹으려고 온 기업 사냥꾼이라면 회사가 풍비박산이 날 수 있습니다. 제3자 배정 유상증자로 들어온 최대 주주가 누구인지는 기업의 명운이 달린 정보입니다. 제3자 배정 유상증자로 손바뀜*이 자주 일어나는 기업은

| **손바뀜** | 주식의 매매 빈도를 나타내는 말로 손바뀜이 많을수록 주주가 자주 바뀌었음을 뜻한다.

최악의 경우 상장 폐지까지도 염두에 둬야 합니다. 유상증자라는 이벤트는 그 자체로 호재인지 악재인지 단정적으로 말할 수는 없습니다. 회사가 왜 증자를 하려고 하는지, 증자한 자금을 어디에 사용하려고 하는지를 꼼꼼히 따져봐야 합니다.

신주인수권을 받았는데 어디에 써요?

신주인수권이 대체 뭔가요?

유상증자가 진행되면 주주들에게 신주인수권이 배정됩니다. 신주인수권은 말 그대로 회사가 새로 발행한 주식인 신주를 살 수 있는 권리입니다. 예를 들어, 대한항공46R이라고 하면 46번째로 발행하는 신주인수권이라는 의미입니다.

내가 주식을 보유하고 있는 기업이 갑자기 유상증자를 한다고 하면 이것은 반드시 기억해야 합니다. 신주인수권을 직접 팔든지, 유상증자 청약에 응하든지 둘 중 하나는 해야 한다는 겁니다. 아무것도 안 하면 손해입니다. 유상증자를 하면 기존 주주는 보통 시장 가격보다 싸게 주식을 살 수 있기 때문에, 신주를 인수할 수 있는 권리 자체에 가치가 생깁니다. 기존 주주들에게는 일단 그 권리를 주기 때문에 신주인수권을 팔아서 수익을 낼 수 있습니다.

유상증자는 가장 먼저 기존 주주를 대상으로 진행된다고 했습니다. 여기서 '기존'이라는 것은 특정한 날짜를 기준으로 합니다. 그 날짜 이전에 산 주주에게는 신주인수권이 배정되지만 이후에 산 주주에게는 신주인수권이 배정되지 않습니다. 그래서 신주인수권이 배정되지 않는 날 권리락이 발생합니다. 권리락은 신주인수권을 받을 수 있는 주주를 확정하는 기준일 다음 날, 주가가 하락하는 것을 뜻합니다. 사라진 권리만큼 주가가 하락하는 거죠.

그래서 신주인수권을 팔거나 유상증자 청약에 응하지 않으면 최소한 권리락만큼 손해를 보게 됩니다. 배당을 받을 수 있는 주주를 확정한 다음 날 주가가 하락하는 배당락이 발생하는 것처럼 신주인수권을 받지 못하는 주식의 가치는 하락합니다.

배당을 받을 수 있는데 굳이 배당을 받지 않는 사람은 없습니다. 만약 배당도 안 받았는데 배당락으로 주가가 빠지면 얼마나 억울할까요? 그런데 유상증자를 하는데 신주인수권도 안 팔고 청약도 안 하는 사람들이 종종 있습니다. 권리락만큼은 무조건 손해이니 둘 중 하나는 꼭 하셔야 합니다.

신주인수권도 가치에 따라 값이 다르다?

일반적으로 신주인수권은 시장에서 거래되는 주식의 가격에 따라 변동이 됩니다. 이 권리는 얼마에 사면 될까요? 시장 가격이 1만 원짜리 주식을 9000원에 살 수 있는 권리라면 1000원만큼의 가치가 있겠죠. 얼마에 주식을 받을 수 있는지는 미리 정해집니다. 하지만 주식을 받는 날에 시장 가격이 얼마일지는 알 수 없습니다. 그래서 전망에 따라 신주인수권의 가치는 변합니다.

신주인수권에는 이론가°가 있습니다. 증자 이전의 가치와 유상증자로 들어온 현금을 더한 것이 증자 이후 기업 가치입니다. 하지만 이론과 전망은 다르죠. 9000원에 주식

| **이론가** | 이론적으로 추산한 가격. 실제 가격은 수요와 공급에 따라 결정되기 때문에 달라질 수 있지만 이론적인 가격은 계산할 수 있다.

을 받는 신주인수권이 있는데 신주를 주는 날 시장 가격이 1만 원이 될 것이라고 예상하면 1000원에 신주인수권을 살 수 있습니다. 1만 1000원이 될 것이라고 생각하면 2000원을 주고 살 수도 있죠. 신주를 받은 후 주가가 더 오를 것으로 생각하면 돈을 더 내서라도 신주를 사려는 사람이 있습니다. 주가를 어떻게 전망하느냐에 따라서 신주인수권의 시장가는 변동합니다.

주식시장에서도 비이성적 과열이 일어나듯 신주인수권 시장에서도 이상 과열이 일어날 때가 있습니다. 2021년 2월 한화솔루션의 신주인수권은 거래 첫날에 가격이 8000원에서 2만 450원으로 급등했습니다. 신주인수권 가격과 주가의 차이는 1만 원이 안 됐습니다. 그

런데 신주인수권 가격이 2만 원이 넘는 건 이성적으로 납득이 안 되죠. 신주인수권 시장도 결국 비싼 값에 사겠다는 사람이 있으면 가격이 올라갑니다. 당시 태양광 테마주가 워낙 상승세가 강했기 때문에 신주인수권 가격도 높아졌다는 해석도 나왔습니다. 하지만 과열은 과열일 뿐, 너무 높게 형성된 신주인수권 가격은 다시 이론가 수준으로 내려왔습니다.

 돈 버는 알짜 지식

무상증자를 하면 어떻게 해야 해요?

무상증자는 회사가 주주들에게 주식을 나눠주는 이벤트입니다. 내가 100주가 있는데 100주를 더 주면 매우 좋겠죠. 하지만 세상에 공짜는 없습니다. 무상증자는 회계적인 이벤트입니다. 무상증자는 자본계정에 있는 잉여금을 자본금으로 바꾸는 절차입니다. 내가 가진 회삿돈으로 주식을 발행해 나에게 주는 절차라 본질적인 가치에는 차이가 없습니다. 이론적으로는 중립적이지만 시장에서는 고배당과 마찬가지로 무상증자는 호재로 인식됩니다.

개인 투자자들이 무상증자 이벤트에서 가장 당황하는 요소는 '권리락'입니다. 1:1 무상증자를 하면 내 주식은 두 배가 되지만 가격은 반토막이 나서 이론적으로는 수익률이 같습니다. 그런데 주식이 입고되는 시점과 권리락이 발생하는 시점이 다릅니다. 권리락이 발생해서 수익률이 순식간에 50% 하락하는 모습을 보면 당황스럽지만, 주식이 입고되는 날 주식수가 두 배가 되면서 정상적인 주가로 돌아옵니다. 그러니 놀라지 않으셔도 됩니다. 그리고 무상증자를 통해 유통되는 주식수가 늘어나면 거래량이 늘어나 더 많은 사람이 주식 거래에 참여할 수 있습니다. 거래량이 적은 주식을 꺼리는 기관 투자자들도 유입될 수 있습니다. 또한 무상증자는 주주들을 배려하려는 목적으로 이뤄지는 경우가 많습니다. 그래서 그 과정에서 주가가 급등하는 모습이 나타나곤 합니다.

무상감자,
주식을 강제 소각한다고요?

내 주식, 왜 없애는 거예요?

감자란 자본금을 감소시킨다는 뜻으로 증자와 대비되는 개념입니다. 주식을 강제로 소각하는 것이므로 투자자들이 매우 싫어하는 단어입니다. 2000년대 초반 부실해진 금융사를 매각하기 위해 금융감독당국이 감자를 해서 매각하려 했더니 소액주주들이 금융감독위원장에게 먹는 감자를 보냈다는 전설적인 이야기도 있습니다. '우린 감자가 싫으니 너나 감자 먹어라'라는 의미였다고 합니다.

왜 주주들의 주식을 소각하는 걸까요? 회사의 재무구조를 개선하기 위해섭니다. 회사의 자본금은 초기 주주들이 낸 돈입니다. 회사가 돈을 벌어서 당기순이익이 생기면 그 이익잉여금은 회사의 자기자본으로 쌓입니다. 그와 반대로 장사가 잘되지 않아 손실이 발생하면 잉여금에서 차감됩니다. 회사가 계속 적자를 보고 잉여금을 모두 소진하고 나면 자본금까지 까먹는 상황이 됩니다. 자본금을 까먹기 시작하는 것을 자본 잠식이라고 합니다. 자본 잠식이 50% 이상이면 관리종목으로 지정되고 2년 연속 50%가 넘으면 상장이 폐지됩니다. 상장폐지를 피하려면 자본 잠식을 해소해야 합니다. 자본 잠식은 자기자본보다 자본금이 적은 상황입니다. 이를 해소하려면 자기자본을 늘리든지 자본금을 줄여야 합니다. 돈을 벌어서 자기자본인 잉여금을 늘리면 좋겠지만 그렇게 장사가 잘됐다면 이런 상황까지 오지도 않았겠죠. 그러니 자본금을 줄이는 수밖에 없고, 돈이 없으니 무상감자를 하게 되는 겁니다.

상장 폐지냐 감자냐 그것이 문제로다

주주들의 주식을 소각하는 일이기 때문에 당연히 주주총회를 통해 주주들의 의견을 물어야 합니다. 자기 주식이 소각되는 상황을 흔쾌히 찬성할 주주는 없습니다. 하지만 감자를 하지 않으면 상장이 폐지될 수 있는 극단적인 상황이기 때문에 주주들은 울며 겨자 먹기로 응할 수밖에 없습니다.

감자를 할 때 대주주와 소액주주의 감자 비율을 다르게 할 수도 있습니다. 이를 '차등감자'라고 합니다. 아무래도 경영에 책임이 있는 대주주가 더 큰 책임을 진다는 차원에서 이뤄집니다. 비율은 정하기 나름입니다. 대주주는 10:1 감자, 소액주주는 2:1 감자를 하는 경우 대주주는 10주가 1주가 되고, 소액주주는 2주가 1주가 됩니다. 주주들의 동의를 받으려면 이 정도 책임감 있는 모습은 보여줘야겠죠.

사실 감자는 회계적인 이슈이기 때문에 이론적으로 주가에 영향을 주지 않습니다. 자본총계에서 자본금에 해당하는 항목을 자본잉여금 항목으로 바꾸는 겁니다. 주식수만 줄어든 거죠. 이론적인 가치는 그대로인데 주식수가 줄어들기 때문에 주가는 올라갑니다. 1만 원짜리 주식을 5:1 감자를 하면 주식은 5주가 1주가 되고 주가는 5만 원으로 올라갑니다. 하지만 감자를 할 정도로 부실하다는 의미이기 때문에 주가가 폭락합니다. 이론적인 의미대로 아무 일 없었다는 듯 5배 주가가 유지되는 일은 거의 없습니다.

신규 투자 유치를 위한 무상감자

신규 투자 유치를 위해 무상감자를 하기도 합니다. 앞서 설명했듯 무상감자는 일반적으로 재무 상태가 부실해진 경우에 합니다. 부실기업이 살아나려면 신규 투자를 유치해야 합니다. 새로운 투자자가 많은 돈을 투자하면 회사의 재무 건전성이 좋아질 겁니다. 그리고 새로운 투자자는 많은 돈을 투자했으니 새로운 대주주가 될 겁니다.

부실기업은 신규 투자를 유치하기가 쉽지 않습니다. 그럴 때 감자를 통해 자본금을 줄이면 신규 투자자를 유치하기가 좀 더 수월합니다. 대주주 주식을 모두 소각하고 신규 투자자가 들어오면 신규 투자자는 대주주 주식을 살 필요 없이 회사를 인수할 수 있습니다. 무상감자는 주주들에게 손실을 주는 절차지만 생존을 위한 고육지책이기도 합니다. 때로는 은행을 중심으로 구조조정을 진행할 때도 무상감자가 등장합니다.

구조조정을 할 때 은행이 '출자전환'을 하는 경우가 있습니다. 출자전환이란 은행이 기업에게 빌려준 대출금을 주식으로 전환해 기업의 부채를 조정하는 것입니다. 이자를 갚지 않아도 된다는 의미이고, 은행이 채권자에서 주주가 되는 것입니다. 은행이 출자전환을 하는 것은 신규 투자를 하는 것과 같은 효과가 있습니다. 자본금이 늘어나고 부채가 줄어듭니다. 하지만 은행이 공짜로 그렇게 해주진 않습니다. 통상은 주주에게 책임을 물어 무상감자를 하고 출자전환을 합니다. 이 글을 읽는 여러분은 무상감자라는 용어를 굳이 알 필요가 없기를 바랍니다.

돈을 주고 주주들의 주식을 없애는 유상감자

무상감자는 주주들에게 대가를 지급하지 않고 자본금을 줄이는 행위입니다. 이와 반대로 주주들에게 대가를 지급하고 자본금을 줄일 수도 있습니다. 단순히 말하면 회사가 주주들의 주식을 돈을 주고 사서 소각을 하는 것이라고도 볼 수 있습니다. 주주들은 주식 대금을 받을 수 있죠. 이를 유상감자라고 합니다.

유상감자를 하는 경우는 흔치 않습니다. 주주들이 자기자본을 나눠 갖고 싶으면 배당하면 됩니다. 주식수를 줄이려면 자사주 매입 후 소각을 하면 됩니다. 굳이 유상감자를 하지 않아도 되죠. 그러므로 상장사에서 보기는 쉽지 않습니다. 통상 대주주가 100% 보유한 기업에 대해 유상감자가 나타납니다. 2018년 스타일난다에 6000억 원을 투자한 로레알은 2020년 유상감자 방식으로 1300억 원을 회수했습니다. 스타일난다가 로레알이 보유한 1300억 원 규모의 주식을 사서 주식을 소각했다는 의미입니다. 로레알은 투자금 중 일부를 회수하게 된 셈이죠.

액면분할, 주식을 왜 쪼개는 거예요?

앗, 내 주식을 쪼갠다고요?

주식에는 '액면가'라는 것이 있습니다. 1장에서 설명드렸듯이 자본금을 주식수로 나눈 것이 액면가입니다. 자본금이 1000만 원이고 액면가를 1만 원으로 두면 주식수는 1000주가 됩니다. 액면가를 5000원으로 두면 2000주가 되겠죠. 그리고 주식이 상장돼서 거래되면 액면가와 무관하게 주가가 형성됩니다. 성장 가능성이 높은 회사는 주가가 비쌀 테고, 성장 가능성이 낮은 회사의 주가는 저평가될 겁니다.

액면분할은 주식을 쪼개는 절차입니다. 액면가 1만 원짜리 주식을 둘로 쪼개면 액면가 5000원짜리 주식 2주가 됩니다. 그러면 1주당 가치도 절반이 되고 이론적으로 주가도 절반이 됩니다. 액면가 1만 원짜리 주식 5주를 가지고 있던 사람은 5000원짜리 주식 10주를 갖게 되는 거죠. 이론적으로 총액은 똑같이 5만 원입니다.

액면분할은 왜 하는 걸까?

기업 가치와 주가에도 변화가 없는데 굳이 액면분할을 하는 이유는 뭘까요? 바로 주식을 더 편하게 거래하기 위해섭니다. 1만 원짜리 주식을 100주 사든지 100만 원짜리 주식을 1주 사든지 가치는 똑같습니다. 그런데 막상 주식을 매수하려면 100만 원짜리 주식보다는 1만 원짜리 주식을 매수하기가 마음이 편합니다. 주가 단위가 낮아지면 더 다양하게 주식을 매수할 수도 있습니다. 100만 원짜리 주식은 100만 원, 200만 원, 300만 원씩 거래해야 하지만 1만 원짜리 주식은 단위가 낮으니 부담이 적죠. 또한 100만 원짜리 주식 1주가 거래되는 것보다 1만 원짜리 주식 100주가 거래되면 거래량이 더 많아집니다. 거래량이 많다는 것은 매수자가 매수하기 쉽고, 주식을 보유하고 있는 사람이 매도하기 쉽다는 의미입니다. 이를 유동성이 풍부해진다고 합니다.

거래량은 주가를 형성하는 데 매우 중요합니다. 거래량이 적으면 매수 가격과 매도 가격 사이가 벌어져서 원하는 시점에 원하는 가격에 거래하기가 힘듭니다. 또 거래량이 너무 적으면 특정 세력에 의해

주가가 조작될 수도 있습니다. 그러다 보니 외국인 투자자나 기관 투자자처럼 큰 규모로 거래해야 하는 투자자들은 거래량이 적은 주식을 외면합니다. 주요 투자자들이 선호하지 않는 주식은 저평가될 수밖에 없죠.

액면분할 자체는 기업 가치에 영향을 주지 않습니다. 다만 거래량을 늘려 거래를 수월하게 하고 본질 가치에 가까운 주가를 형성할 수 있도록 한다는 측면에서 긍정적입니다. 또한 액면분할을 통해 주주들이 주식 거래를 더 수월하게 해주려는 기업은 그만큼 주주가치에도 더 신경 쓴다는 이미지를 주기도 하죠.

액면분할에 인색한 한국 기업들

주주를 우대하는 기업들은 주가가 과도하게 높아지면 액면분할을 합니다. 주주들의 주식 거래를 편리하게 하고 적정한 가격 형성을 돕기 위해섭니다. 세계에서 가장 비싼 시가총액을 자랑하는 애플은 상장 이후 다섯 번이나 액면분할을 했습니다. 테슬라도 1주당 주가가 1000달러를 넘어서자 5:1 액면분할을 발표했습니다. 액면분할 후 300달러 선까지 떨어졌던 테슬라의 주가는 다시 880달러까지 급등하며 다시 한번 '천슬라' 돌파를 노리고 있습니다.

한국 기업들은 액면분할에 인색한 편입니다. 1주당 100만 원이 넘는 주식을 공식 용어는 아니지만 '황제주'라고 부릅니다. 100만 원이 넘는 주식은 개인 투자자들이 잘 거래하지 않습니다. 이런 회사들은 은근히 개인 투자자들이 자기 회사 주식을 사는 것을 싫어합니다. 소액주주들이 내는 의견을 들어주기 귀찮기 때문입니다. 자기 회사 주가가 너무 오르는 것을 달가워하지 않는 회사도 있습니다.

그러나 지나치게 비싼 주식은 투자자들에게 이롭지 않기 때문에 한국거래소는 액면분할을 유도합니다. 그러면서 코스피 대표 우량주를 대상으로 K-TOP30 지수를 만들며 너무 비싼 황제주는 배제하기로 했습니다. 그 결과 240만 원에 거래되던 롯데제과는 액면가를 5000원에서 500원으로 분할하는 10:1 액면분할을 했습니다. K-뷰티 열풍을 이끌었던 아모레퍼시픽은 388만 원까지 올랐다가 액면분할을 통해 38만 원으로 낮췄습니다. 오리온홀딩스, 크라운해태홀딩스, 미원홀딩스 등도 액면분할을 했던 대표적인 회사입니다.

소액주주 200만 달성! 삼성전자의 액면분할

한국을 대표하는 삼성전자는 가장 많은 액면분할 요구를 받았던 회사입니다. 삼성전자는 250만 원이던 주식을 50:1로 액면분할을 해서 5만 원으로 낮췄습니다. 액면가는 5000원에서 100원이 됐습니다. 코로나19로 코스피가 2000대에서 1400까지 급락했을 때 가장 많은 사람이 주식 투자에 나섰습니다. 주식 투자에 익숙하지 않은 초보 투자자들이 가장 많이 선택한 기업은 삼성전자였습니다. 주식에 대해 잘 모르고, 코로나19로 경기 침체가 얼마나 심각할지 예상하기 힘들어도 한국을 대표하는 회사가 망하지는 않을 것이라는 믿음이 있었기 때문입니다.

삼성전자의 소액주주는 2020년 초 약 50만 명에서 1년 후 약 200만 명으로 늘었습니다. 삼성전자의 주가는 소액주주들의 투자에 힘입어 코로나19 영향에도 불구하고 선방했습니다. 그리고 경기 회복 흐름에 따라 4만 원대에서 9만 원을 돌파하며 투자자들의 성원에 보답했습니다. 삼성전자 주가가 250만 원이었다면 많은 사람이 삼성전자를 선택하지 못했을 겁니다. 1주당 가격을 5만 원까지 낮춘 액면분할이 있었기 때문에 투자자들은 우량한 주식을 좀 더 쉽게 매수할 수 있었고, 삼성전자는 극심한 경기 불확실성 속에서도 주가를 방어할 수 있었습니다. 그리고 삼성전자의 주식을 산 주주들은 강력한 삼성전자의 우군이 되고 애정 많은 고객이 되었죠.

자사주 매입을 하는 이유가 뭐예요?

자사주 매입과 주가 상승의 관계

자사주 매입은 회사가 스스로 자기 주식을 매입하는 절차입니다. 회사 경영진이 자기 주식을 매입하는 것도 자사주 매입이라고 표현하는 경우가 있는데, 그건 경영진이 개인적으로 주식을 사는 거지 자사주 매입이 아닙니다. 자사주 매입은 삼성전자가 삼성전자의 주식을 들고 있는 격입니다.

자사주 매입은 주가에 호재입니다. 유통되는 주식수가 줄어들기 때문에 1주당 가치는 높아지고, 배당할 때도 자사주에는 배당하지 않기 때문에 배당 총액 대비 나눠 갖는 배당금이 늘어납니다. 회사는 주주가치를 높이기 위해 자사주를 매입합니다. 자사주 매입을 열심

| 회사채 | 사업에 필요한 자금을 조달하기 위해 주식회사가 일반 사람들에게 발행하는 채권.

히 한 대표적인 회사는 애플입니다. 애플은 지난 7년 동안 약 4000억 달러, 400조 원에 가까운 규모의 자사주를 매입했습니다. 번 돈으로 자사주를 매입하는 데 그친 것이 아니라 회사채까지 발행해 자사주를 매입했습니다. 애플의 적극적인 배당과 자사주 매입은 주주들을 부유하게 했고, 그만큼 더 많은 투자자가 애플 주식을 선호하게 됐죠.

이처럼 미국 회사들은 주주 환원에 적극적입니다. 윌리엄 라조닉 미국 메사추세츠 교수에 따르면 2010년 이후 10년간 S&P500 편입 기업들은 수익의 54%를 자사주 매입에 사용했고, 39%를 배당에 사용했습니다. 번 돈을 주주들에게 돌려주는 기업을 투자자들은 좋아할 수밖에 없겠죠. 미국 증시가 기나긴 시간 동안 우상향했던 것은 미국 경기가 좋아서 그렇기도 하지만 적극적인 주주 환원 정책으로 주주들을 만족시켰기 때문이기도 합니다.

자사주 매입의 악용 사례

자사주 매입은 주가 부양을 위한 목적으로 행해지기 때문에 부정거래라고 보는 관점도 있습니다. 그래서 한국은 2012년 이전에는 특별한 경우가 아니면 자사주 매입을 금지했습니다. 이후 배당을 하듯이 배당가능이익 한도 안에서 자기 주식을 취득할 수 있도록 개정이 됐습니다. 스톡옵션 stock option 처럼 회사 주식을 임직원들에게 주기 위한 목적으로도 자기 주식을 취득할 수 있도록 했습니다.

| 스톡옵션 | 기업이 임직원에게 일정 수량의 주식을 일정한 가격으로 매수할 수 있는 권리를 부여하는 제도.

주식시장 제도가 대부분 그렇듯 제도를 활용하는 목적에 따라서 이해관계가 달라질 수 있습니다. 자사주 매입은 일반적으로 주주가치를 높이지만 이를 악용하는 대주주도 있습니다. 자사주 매입을 자신의 경영권을 방어하는 데 활용하는 거죠. 여기서 참고해야 할 점은 자사주는 의결권이 없다는 것입니다. 회사가 자기 주식을 사서 스스로 의결권을 행사하면 모순이기 때문입니다. 만약 자사주에 의결권이 있으면 대주주, 경영진에게 매우 유리하겠죠. 자기 돈이 아닌 회삿돈으로 의결권을 확보할 수 있기 때문이죠. 그럼에도 자사주 매입을 통해 대주주는 이익을 얻을 수 있습니다. 어떻게 가능할까요?

전체 주식수가 100주인데 대주주가 30주를 가지고 있다고 해보겠습니다. 지분율이 30%죠. 근데 기업이 자사주 50주를 사버립니다. 그러면 유통주식수는 50주밖에 안 되고, 대주주의 실질 의결권은 60%가 됩니다. 자사주는 의결권이 없지만 대주주가 자사주를 활용해 백기사를 만들 수도 있습니다. 대주주가 친한 친구에게 자사주를 팔면 친한 친구는 대주주의 편을 들어주겠죠. 이런 식으로 자사주 매입을 통해 대주주가 이익을 보는 경우가 있습니다. 꼭 백기사를 만들지 않더라도 자사주를 매입하면 시장에서 거래되는 주식수가 줄어듭니다. 자사주를 사는 만큼 경영권을 위협하는 세력들이 살 수 있는 주식수가 줄어드는 거죠.

한국에서 자사주 매입은 주주가치를 높이려는 목적보다는 대주주의 이익을 위해 이뤄지는 경우가 많습니다. 2015년 삼성물산과 제일모직이 합병할 때 삼성물산은 자사주 5.7%를 가지고 있었습니다. 이재용 부회장이 제일모직 지분을 많이 갖고 있었기 때문에 제일모직 가치를 높이고, 삼성물산의 가치를 낮췄다는 의혹을 받고 있었죠. 삼성물산 주주들이 반발할 일입니다. 외국계 헤지펀드 엘리엇 매니지먼트는 적극적으로 반대 의사를 표시했습니다. 전체 주주의 3분의 2 이상의 동의를 얻어야 하기 때문에 표결 결과를 장담할 수 없었습니다. 그러자 삼성물산은 자기가 가지고 있던 자사주 5.7%를 KCC에 매각했습니다. 삼성물산 주식을 산 KCC는 백기사가 되어줬고 합병안은 아슬아슬하게 통과됐습니다. 자사주 매입을 대주주가 추진하는 합병안을 통과시키기 위해 활용한 사례입니다.

지주사 전환 시 자사주 활용법

지주사란 다른 회사의 주식을 보유함으로써 그 회사를 독점적으로 지배하는 회사입니다. 2016년 현대중공업은 지주사로 전환하기 시작했습니다. 지주사로 전환을 할 때 자사주를 활용하는 방법이 있습니다. 당시 현대중공업은 13%의 자사주를 가지고 있었습니다. 현대중공업은 가지고 있던 자사주를 지주사인 현대중공업지주로 넘겨쳤습니다. 현대중공업의 최대주주인 정몽준 이사장의 지분율은 10.2%였습니다. 그러나 지주사 전환을 거치면서 지분율은 25.8%로 높아졌습니다. 대주주가 자기 돈을 추가로 투입하지 않고 자사주를 이용해 지분율을 높인다고 해서 '자사주 마법'이라고 불립니다.

전체 주식의 절반 이상을 자사주로 매입한 경우도 있습니다. 한국타이어 자회사인 한국아트라스BX라는 회사가 있습니다. 한국타이어는 알짜 회사인 아트라스BX를 주주들과 나누고 싶지 않았습니다. 그래서 상장 폐지를 시키려고 했습니다. 상장 폐지를 시키려면 대주주가 소액주주의 주식을 다 사야 합니다. 하지만 돈을 쓰고 싶지 않았죠. 아트라스BX는 자사주를 무려 58%나 사들였습니다. 최대주주의 지분율은 31%였고 둘을 더하면 89%에 달합니다. 소액주주들은 회사 자금을 활용한 상장 폐지에 반대했습니다. 회사 측은 유통주식수가 적으면 강제로 상장 폐지가 된다는 규정을 활용하려 했습니다. 하지만 한국거래소는 자사주 매입을 통해 상장 폐지를 추진하는 것을 금지했고, 상장 폐지 시도는 무산이 됐습니다.

주주가치를 높이는 자사주 매입

자사주 매입이 실제로 주주가치를 높이려면 자사주 소각으로 이어져야 합니다. 자사주 소각은 말 그대로 매입한 자사주를 아예 없애버리는 겁니다. 기업 가치는 그대로인데 발행주식수가 줄어들기 때문에 1주당 가치는 높아집니다. 주식이 소각되면 자기자본이 줄어들면서 자기자본이익률인 ROE가 높아지는 효과도 있습니다. 또 소각을 하면 대주주가 자사주를 가지고 자기 이익을 위해 활용하는 것을 방지할 수 있습니다.

삼성전자는 2018년 20조 원이 넘는 자사주를 소각했으며, 현대차는 2018년 1조 원 규모의 자사주를 소각했습니다. 삼성전자가 자사주 소각을 선언한 것은 삼성물산과 제일모직의 합병으로 주주들과 심한 마찰을 겪은 이후였습니다. 현대차 역시 지배구조 개편에 대해 헤지펀드 엘리엇 매니지먼트가 반대한 이후였죠. 최근에는 SK텔레콤이 SK지주사와 합병하려는 것 아니냐는 의심을 불식시키기 위해 2조 6000억 원 규모의 자사주를 소각했습니다.

주주가치를 높이는 자사주 매입은 반가운 일입니다. 다만 자사주 매입을 할 때는 이유가 무엇인지, 대주주와 소액주주의 이해관계가 충돌하는 부분은 없는지 잘 살펴야 합니다.

메자닌 발행,
어떻게 해석해야 해요?

메자닌? 그게 뭐예요?

메자닌은 건물의 층과 층 사이의 공간을 뜻하는 이탈리아어로 채권과 주식 사이에 있는 금융상품을 말합니다. 주식 투자를 하다 보면 기업이 전환사채, 신주인수권부사채, 교환사채를 발행할 때가 있는데 이런 채권을 주식연계채권 또는 메자닌이라고 부르죠. 전환사채, 신주인수권부사채, 교환사채를 간략히 설명하면 다음과 같습니다.

전환사채	주식으로 전환할 수 있는 선택권이 있는 채권
신주인수권부사채	신주를 인수할 수 있는 권리가 부여된 채권
교환사채	주식으로 교환할 수 있는 채권

간략한 정리만으로는 이해하기 쉽지 않죠? 메자닌은 경영권에도 영향을 미칠 수 있으므로 주가에 많은 영향을 미치기도 합니다. 이번 글은 어려울 수 있습니다. 하지만 주가에 치명적인 영향을 미칠 만한 이슈이기 때문에 꼼꼼하게 봐주셨으면 좋겠습니다. 특히 중소형 코스닥 주식 투자를 주로 하시는 분들은 꼭 아셔야 합니다. 대기업보다는 중견 이하 기업에서 많이 발행되기 때문이죠. 도대체 메자닌이 무엇인지, 어떻게 활용되는지 알아봅시다.

• 전환사채

전환사채는 일정 기간이 지나면 주식으로 전환할 수 있는 채권입니다. 채권처럼 매달 이자를 받고, 정해진 시점 이후에는 주식으로 전환할 수 있습니다. 주식으로 바꿀 때는 정해진 가격이 있습니다. 주가가 전환 가격보다 높다면 주식으로 전환을 할 테고, 주가가 전환 가격보다 낮다면 전환을 하지 않고 채권 만기에 원금을 돌려받으려 하겠죠.

• 신주인수권부사채

신주인수권부사채 역시 채권과 주식의 기능을 동시에 가졌습니다. 전환사채와 비슷해 보이지만 차이가 있습니다. 전환사채는 주식으로 전환을 하면 채권은 사라지지만 신주인수권부사채는 신주를 인수할 수 있는 권리와 채권이 따로 있습니다. 신주인수권을 행사하더라도 채권이 사라지지 않는다는 거죠. 대신 신주인수권은 말 그대로 신주를 살 수 있는 권리이기 때문에 신주를 받으려면 돈을 내야 합니다.

• 교환사채

교환사채는 전환사채처럼 주식으로 바꿀 수 있는 채권입니다. 전환사채와 다른 점은 회사가 기존에 보유하고 있던 자사주를 채권으로 바꿔준다는 점입니다. 반면에 전환사채는 회사가 새로 주식을 발행해서 채권을 주식으로 바꿔주죠. 따라서 전환사채가 전환되면 자본금이 증가하고, 교환사채는 증가하지 않습니다.

메자닌 발행, 어떻게 해석해야 할까?

투자자 입장에서 메자닌은 채권으로 이자를 받다가 주가가 오르면 주식으로 바꿔서 이익을 볼 수 있습니다. 만약 주가가 하락하면 주식에 대한 권리를 포기하면 됩니다. 단순한 주식이나 채권보다 더 매력적이죠. 그러나 메자닌 발행은 주주에게는 좋은 소식이 아닙니다. 어떤 점이 안 좋을까요?

첫째, 주가가 눌리는 오버행overhang 이슈가 발생합니다. 오버행은 특정 가격에 대규모 매도 물량이 대기하고 있어서 주가가 눌리는 현상을 말합니다. 전환사채, 신주인수권부사채, 교환사채는 전환가액이 정해져 있습니다. 주가가 그보다 높으면 메자닌을 가진 사람은 주식으로 전환해 팔아서 이익을 낼 수 있죠. 특정 주가에 전환해서 팔려는 대규모 물량이 대기하고 있으면 주가가 그 위로 올라가기가 쉽지 않습니다.

둘째, 주식의 가치가 감소합니다. 전환사채는 전환되기 전에는 채권이지만, 전환이 되면 주식이 됩니다. 유상증자와 마찬가지로 주식수가 늘어난다는 거죠. 기업 가치는 그대로인데 주식수가 늘어나면 1주당 순이익, 1주당 자산이 줄어듭니다.

셋째, 리픽싱refixing을 노리는 시세 조종이 발생할 수 있습니다. 리픽싱은 주가가 내려가면 전환가액을 낮춰서 시세 차익을 얻게 해주는 옵션입니다. 중소형 주식을 샀는데 해당 회사가 발행한 메자닌이 많으면 이 부분을 잘 챙겨봐야 합니다.

메자닌 투자자가 시세 하락을 원하는 이유는 리픽싱이 발생할수록 더 많은 주식을 확보할 수 있기 때문입니다. 전환사채 10만 원어치가 있는데 전환가액이 1만 원이면 10주를 확보할 수 있습니다. 리픽싱을 통해 전환가액이 5000원으로 낮아지면 20주를 확보할 수 있죠. 리픽싱은 주가가 내려갈 때는 따라 내려가지만 올라갈 때는 따라 올라가지 않습니다. 메자닌 투자자에게 가장 유리한 조건은 주가가 내려가서 리픽싱을 한 다음 다시 주가가 올라가는 상황입니다. 그래서 시세 조종 우려가 있다고 하는 겁니다.

전환사채를 활용한 여러 가지 전략

전환사채 발행을 부추겨 기업을 사냥하는 경우도 있습니다. 자금이 절실한 부실기업에 기업 사냥꾼이 투자를 해주겠다고 접근합니다. 그러고는 기업이 전환사채를 발행하도록 만들어 전환사채를 확보한 후 주가를 하락시킵니다. 대량의 주식을 확보해 경영권을 빼앗는 겁니다. 만약 내가 산 주식에 이런 사냥꾼이 끼어들면 여지없이 주가가 떨어집니다. 금융당국은 리픽싱을 노리는 시세 조종이 발생하지 않도록 주가가 올라갈 때 같이 전환가액도 올라가는 제도 개선안을 추진하고 있습니다.

전환사채를 활용한 전략 하나 더 설명드리도록 하겠습니다. 전환사채는 주식으로 전환하기 전까지는 채권이기 때문에 만기가 되면 원금을 갚아줘야 합니다. 만약 전환가액보다 주가가 높으면 전환사채 투자자는 주식으로 전환을 해서 수익을 냅니다. 전환가액보다 주가가 낮으면 주식으로 전환하지 않으려 합니다. 바꾸면 손해니까요. 메자닌 투자자가 전환을 안 하면 회사는 만기에 원금을 상환해줘야 합니다. 그러므로 기업은 주가를 부양하기 위해 노력해야겠죠.

한 기업 IR 담당자는 "전환사채 만기에 전환가액보다 주가가 낮으면 채권 상환에 부담이 생긴다"고 하며 "만기 상환이 아니라 주식 전환이 될 수 있도록 주가를 부양하기 위한 노력을 한다"라고 말했습니다. 이를 노려 전환사채 만기를 앞두고 주가가 전환가액보다 낮은 주식을 찾아 투자하는 사람도 있습니다.

전환사채가 발행이 되면 누가 투자를 하는지, 왜 투자를 하는지를 반드시 확인해야 합니다. 주식시장에는 메자닌을 활용한 다양한 수법이 있습니다. 직접 메자닌 투자를 하지 않더라도 메자닌이 기업에 미치는 영향이 크기 때문에 공부할 필요가 있습니다.

• 5장을 마치며 •

이번 장에서는 유상증자, 무상감자, 액면분할 등 주식에서 일어나는 다양한 이벤트들이 대체 어떤 의미이며, 어떤 이유로 발생하는지 알아보았습니다. 내가 가진 주식에 무슨 일이 일어나고 있는지 관심을 가져야, 나만의 시나리오를 만들 수 있습니다. 이제 유상증자나 액면분할 뉴스가 나오면 어떤 식으로 해석해야 할지 감이 오시죠? 다음 장에서는 많은 분이 어려워하는 공시에 관해 공부해볼 겁니다. 중요한 포인트만 골라 적용하기 쉽게 알려드릴 테니 따라오세요!

BEST 6

이것만은
알고 가!
공시 알아보기

공시, 중요한 건 알겠는데 너무 어려워요

주식 투자할 때 꼭 봐야 하는 이것

주식 투자를 할 때 공시를 반드시 보라는 조언을 많이 들으셨을 겁니다. 하지만 용기를 내어 금융감독원 전자공시시스템에 들어가 공시를 열어보면 무슨 말인지 이해하기가 어렵습니다. 기업의 중요한 정보를 의무적으로 공개하는 것이라고 하는데, 왜 중요하다고 하는 것인지도 체감이 안 됩니다. 예전에 공시 조회 수를 조사한 적이 있습니다. 연간 가장 많은 조회 수를 기록한 공시는 삼성전자의 사업보고서였습니다. 과연 조회 수는 몇이었을까요? 그때 당시 고작 8만 회에 불과했습니다. 주주만 해도 수백만 명이고 삼성전자를 분석하는 기자, 회계사, 애널리스트도 엄청나게 많습니다. 인터넷에서 주식 관련 영상이나 글의 조회 수만 해도 수십만, 수백만이나 됩니다. 그에 비교하면 가장 중요한 투자 정보를 담은 공시 조회 수는 미미한 수준이죠.

공시의 두 가지 목적

공시는 기업의 주요사항을 공개적으로 투자자들에게 알리는 제도입니다. 공시의 목적은 두 가지입니다. 첫 번째는 투자자 보호를 위해섭니다. 기업은 자신들에게 불리한 정보를 숨기려고 하지만 투자자들은 자기가 투자한 회사의 상황에 대해 알 권리가 있습니다. 공시 제도는 기업의 주요사항을 정하고, 이를 의무적으로 투자자들에게 공개하도록 한 제도입니다. 공시는 투명하게 공개하는 것도 중요하고 모든 사람에게 차별 없이 제공되는 것도 중요합니다. 일부 투자자에게만 유리한 투자 정보를 제공하면 안 되겠죠.

두 번째는 기업의 자금 모집을 위해섭니다. 기업들이 투자금을 모집하려면 자신들이 어떤 회사고, 어떤 이유로 투자금을 모집하는지 알릴 필요가 있습니다. 또 자신들이 하는 이야기에 공신력이 필요합니다. 기업은 공시를 통해 자신들의 정보를 투자자들에게 알려 자금 조달을 용이하게 할 수 있습니다. 외부 자금 조달은 꼭 주식이 아니더라도 회사채, 전환사채, 파생결합증권 등을 모두 포함합니다.

중요한 건 알겠는데 너무 어려운 공시

공시는 말 그대로 기업의 중요한 정보를 공개하는 제도입니다. 주주들은 공시를 통해 주가에 영향을 미칠 만한 중요한 이벤트를 확인할 수 있죠. 기업마다 중요한 정보라는 게 차이가 있다 보니 어떤 정보를 공개해야 하는지가 모호합니다. 그래서 중요하다고 생각되는 종류의 정보를 정하고 어떤 형식으로 공개할지도 정했습니다.

초보 투자자들은 정해진 형식에 맞춰 발표되는 공시를 해석하기 어려울 수 있습니다. 공시에 나오는 용어들이 외국어처럼 느껴질 수 있죠. 이 용어들만 공부하면 공시를 이해할 수 있을까요? 단어와 문법만 안다고 외국어를 이해할 수 있는 것이 아니듯 공시 역시 기업 상황에 대한 이해가 필요합니다.

공시에는 발행시장에서 이뤄지는 발행시장 공시와 유통시장에서 이뤄지는 유통시장 공시가 있습니다. 발행시장 공시는 주식을 발행할 때 내는 공시입니다. 유상증자나 기업 공개 등을 할 때 잠재적 투자자들에게 자신을 소개하는 일종의 자기소개서라고 보면 됩니다. 증권신고서, 투자설명서, 증권을 발행한 결과에 대해 공개하는 증권발행실적 보고서 등이 있습니다. 유통시장 공시는 사업보고서, 분반기보고서 등 정기공시와 주요사항보고서, 공정공시, 조회공시, 자율공시가 있습니다.

공시 공부는 하루아침에 끝낼 수 없습니다. 꾸준히 공시를 읽고 사례를 공부하며 익숙해져야 합니다. 공시에 관한 책은 시중에 많이 나와 있으니 따로 공부하는 게 좋을 것 같습니다. 이 장에서는 공시에서 확인할 수 있는 최소한의 포인트 몇 가지만 짚어보겠습니다.

 돈 버는 알짜 지식

옛날에는 공시를 오프라인으로 제출했다고?

2000년 이전까지만 해도 공시 서류는 공시 담당자가 금융감독원이나 증권거래소에 직접 방문해 제출했습니다. 그러면 각 기관이 이를 비치하고 투자자들이 직접 방문해야 공시 내용을 볼 수 있었죠. 회사에 중요한 이벤트가 발생해도 감독당국에 제출하는 데 시간이 오래 걸리고, 공시를 하고 나서도 이를 투자자들이 직접 보려면 공시가 있는 곳을 직접 방문해야 했습니다. 금융감독원에 상주하며 먼저 공시를 볼 수 있는 투자자는 수익 기회를 얻기도 했죠. 전자공시는 정보 비대칭성을 줄이는 데 엄청난 공헌을 했습니다.

사업보고서,
알짜 정보만 살펴보기

사업보고서 핵심 읽기

공시는 어디에서 확인할 수 있을까요? 대표적인 전자공시 사이트는 금융감독원 전자공시 시스템 '다트DART'와 한국거래소가 운영하는 사이트 '카인드KIND'가 있습니다. '다트'에서는 상장사뿐 아니라 외부감사를 받는 법인들의 공시를 모두 확인할 수 있는 반면에 '카인드'는 상장사만을 대상으로 하며 시장조치, 거래정지 등 한국거래소가 수행하는 거래 관련 공시도 확인할 수 있습니다.

가장 중요한 공시는 누가 뭐라 해도 '사업보고서'입니다. 사업보고서는 1년에 한 번씩 발표되며, 회사의 전반적인 상황을 설명하는 공시로 3월 말 주주총회를 앞두고 발표가 됩니다. 사업보고서와 비슷한 형식으로 분기, 반기보고서도 발표됩니다. 사업보고서에는 회사의 개요, 사업의 내용, 재무·이사회·주주·임원·계열회사에 대한 사항 등이 있습니다. 몇 가지 볼 만한 포인트를 짚어보겠습니다.

• 회사의 개요

'회사의 개요'에는 배당에 관한 사항이 있습니다. 회사의 배당 정책과 이전에 얼마를 배당했었는지가 나옵니다. 배당을 꾸준히 하는 회사라면 그만큼 현금 창출 능력이 뛰어나고 장기 투자자들이 선호하는 회사라고 판단할 수 있습니다.

• 사업의 내용

'사업의 내용'은 꼭 읽어 보시기 바랍니다. 내가 투자하는 회사가 어떤 회사인지 가장 디테일하게 설명하는 파트이기 때문입니다. 여기에는 해당 회사가 영위하고 있는 산업에 대한 거시적인 분석부터 각 사업부가 어떤 일을 하고 있는지도 상세하게 알려줍니다. 어떤 컨설팅 업체의 산업분석보고서보다 정리가 잘 되어 있습니다. 산업, 기업에 대해 가장 잘 아는 곳은 그 일을 하고 있는 바로 그 회사일 테니까요.

• 재무에 관한 사항

'재무에 관한 사항'에는 기업의 재산 사정을 기록한 대차대조표, 벌고 쓴 내역을 기록한 손익계산서, 들어오고 나간 돈을 기록한 현금흐름표 등이 있습니다. 회사의 재무제표는 회사의 상황을 일목요연하게 정리한 매우 중요한 자료입니다. 하지만 재무제표를 보는 데 익숙하지 않은 분들에게는 외계어 같은 문서죠. 회계에 대한 공부가 뒷받침되어야 합니다. 다른 건 몰라도 손익계산서에 나와 있는 매출, 영업이익, 당기순이익 정도는 확인하시면 좋겠습니다. 최소한 내가 투자한 회사가 돈을 얼마나 버는지는 알아야 할 테니까요.

• 이사회 · 주주 · 임원 및 직원 등에 관한 사항

'이사회에 관한 사항'에는 회사를 이끌어가는 이사회 멤버가 어떻게 구성되었는지 나옵니다. '주주에 관한 사항'에는 최대주주와 특수관계인, 주요 주주들이 몇 명인지 나옵니다. '임원 및 직원 등에 관한 사항'에는 주요 임원들의 연봉이 얼마인지, 직원은 몇 명이고 급여는 얼마를 받는지 나옵니다. 종종 언론에서 기업인 중에서 누가 가장 많은 연봉을 받는지 보도하는 경우가 있습니다. 예를 들어, "삼성전자 '연봉킹' 권오현 172억… 이재용은 4년째 무보수"와 같은 기사는 '임원 및 직원 등에 관한 사항'을 보고 씁니다. 경영진들의 급여를 공개하는 이유는 주주들이 경영진들에게 주어진 급여가 정당한지 판단할 수 있도록 돕기 위해섭니다.

• 계열회사에 대한 상황, 이해관계자와의 거래 내용

'계열회사에 대한 상황'에는 말 그대로 계열사 현황이 나옵니다. '이해관계자와의 거래 내용'에는 계열사와 어떤 거래를 했는지가 나옵니다. 계열사 간 거래를 공시하는 이유는 일감 몰아주기와 같은 사익편취를 방지하기 위해섭니다. 경영자가 특정 회사에 특히 최대주주의 회사에 일감을 몰아주면 주주들에게는 손해입니다. 또 과도하게 지급보증을 해서 위험을 대신 지거나, 중요한 자산을 헐값에 넘기는 경우 기업 가치를 훼손시킬 수 있습니다.

• 그 밖에 투자자 보호를 위하여 필요한 사항

여기서 눈여겨볼 부분은 중요한 소송 사건입니다. 행여라도 기업에 치명적인 영향을 미치는 소송이 진행되고 있는 것은 없는지 확인해 봐야 합니다.

주요사항보고서, 주가 파악을 위한 힌트

주요사항보고서 핵심 읽기

'주요사항보고서'는 회사의 주요사항에 대해 보여주는 공시입니다. 예를 들어 유상증자, 회사 분할 및 합병, 자사주 매입, 감자, M&A 상황을 알려주는 타법인출자 등에 관한 내용이 있습니다. 주가에 영향을 많이 미치는 이벤트들입니다. 주요사항보고서에서 몇 가지 볼만한 포인트를 짚어보겠습니다.

• 조회공시

'조회공시'는 투자자들의 관심을 많이 받는 공시입니다. 많은 투자자가 관심 있어 하는 이벤트가 발생하면 한국거래소는 해당 기업에 조회공시를 요구합니다. 통상적으로는 언론 보도나 풍문 등에 대한 답변을 요구하는 경우가 많습니다.

예를 들어, 현대자동차가 애플과 자율주행 전기차를 만든다는 언론 보도가 나왔을 때 거래소에서는 조회공시를 요구했습니다. 현대차는 아직 확정된 것이 없다며 한 달 후에 다시 공시하겠다고 했고, 한 달 후 애플과 자율주행 전기차에 대해 논의하고 있지 않다고 답변을 해서 많은 투자자에게 실망감을 안겨주기도 했죠.

조회공시는 대부분 투자자가 만족할 만한 답변을 주지 않습니다. 검토 중이거나 확정된 바 없다고 답하는 경우가 대부분이죠. 조회공시는 회사의 공식적인 답변이고 만약 거짓말을 하면 제재를 받습니다. 그러다 보니 최대한 보수적으로 답변을 합니다.

주가가 너무 급하게 오르거나 너무 급하게 내릴 때도 조회공시가 나옵니다. 주가는 유통시장에서 투자자들이 움직이는 것이기 때문에 대부분 답변은 '잘 모르겠다'이지만 단어 하나, 어감 하나에서도 단서를 찾고 싶게 만드는 공시가 바로 조회공시입니다.

• 공정공시

'공정공시'는 기업의 향후 계획 등을 주주들에게 알려주는 공시입니다. 매출액이나 영업손익에 대한 전망입니다. 회사가 제시하는 매출액, 영업손익은 기업 실적을 전망하는 중요한 가이드라인이 됩니다. 회사 측이 제시한다고 해서 무조건 믿어서는 안 됩니다. 매출액

전망은 말 그대로 전망이고 회사의 목표입니다. 목표를 달성하지 못할 수도 있습니다. 참고로 주주들을 움찔하게 만드는 공시로 '매출액 또는 손익구조 30% 이상 변동 공시'가 있습니다. 말 그대로 매출액이나 영업이익, 순이익이 30% 이상 변동했을 때 하는 공시죠. 30% 이상 더 많은 이익을 얻었다면 행복하겠지만 행여라도 30% 이상 떨어졌다고 하면 정말 화가 날 수밖에 없겠죠.

• 단일판매 · 공급계약 체결 공시

'단일판매·공급계약 체결 공시'도 주주들이 주목하는 공시입니다. 이 공시는 의무공시와 자율공시로 구분이 됩니다. 의무적으로 공시해야 하는 경우는 코스피 상장사와 코스닥 상장사의 기준이 다른데요. 코스피 상장사는 계약 금액이 전년 매출액의 5% 이상 올랐을 때, 그중에 자산총액이 2조 원 이상인 대기업은 2.5% 이상 올랐을 때 의무적으로 공시를 해야 하며, 코스닥 상장사는 10% 이상일 때 의무적으로 공시해야 합니다. 대규모 일감을 따냈을 때 하는 공시이기 때문에 주식시장에서는 호재로 인식됩니다. 자율공시는 의무는 아니지만 주주의 알 권리를 위해, 일반적으로는 주가 부양을 위해 계약 사항을 공시하는 겁니다.

'단일판매·공급계약 체결 공시'는 이후에 정정공시가 나올 때 주목해야 합니다. 대규모 일감을 따냈다고 하더니 사실은 아니었다고 정정하는 공시입니다. 최근 엘아이에스라는 코스닥 상장사가 약 1조 원에 육박하는 마스크를 태국 더블에이 그룹에 수출한다는 공시를 발표한 적이 있습니다. 우리가 많이 사용하는 그 복사용지 더블에이입니다. 시가총액 1000억 규모의 중소기업이 마스크 수출로 1조 원의 매출을 올린다니, 놀랍지 않습니까? 주가가 폭등했죠. 그런데 태국 더블에이는 해당 기업으로부터 마스크를 사겠다는 계약을 한 적이 없다고 반박했습니다. 결국 정정공시가 나왔고 주가는 폭락했습니다.

• 기타경영 사항 공시

'기타경영 사항 공시'는 기업이 주주들에게 알리고자 하는 내용을 알리는 자율공시입니다. 자회사에 대한 사항이라든지 특허권 취득, 감사보고서 제출이 늦어진 이유 등을 설명합니다. 최근에는 '단일판매·공급계약 체결 공시'를 했다가 정정을 하는 일이 늘어났습니다. 그래서 거래소는 확실하지 않은 내용으로 공급계약 공시를 하기보다 기타경영 사항으로 공시를 하도록 지도하고 있습니다. 기업이 주가 부양용으로 공급계약 공시를 악용하는 일을 막기 위해섭니다. 아무래도 기타경영 사항 공시보다는 단일판매 공급계약이 더 신뢰도 높게 느껴지기 때문입니다.

공시를 읽는 훈련이 필요한 이유

공시가 어렵게 느껴지는 이유는 공시에 있는 이벤트를 어떻게 해석해야 할지 모르기 때문입니다. 사실 무조건 호재이거나 악재인 이벤트는 없습니다. 예를 들어 유상증자만 하더라도 장기적으로 기업 가치를 높여줄 투자를 위한 증자라면 호재이고, 돈이 없어서 주주들에게 손을 내미는 증자라면 악재입니다. 공시를 잘 읽으려면 상상력이 필요합니다. 회사가 주는 파편화된 정보를 가지고 해당 이벤트가 회사에 어떤 영향을 미칠지를 판단해야 하기 때문입니다. 그러므로 주요사항보고서를 보며 "내가 이 회사의 CEO라면 왜 이런 결정을 했을까?", "이 회사는 왜 합병했을까?", "왜 자사주를 매입할까?" 떠올리고 그 답을 유추해보는 훈련이 필요합니다.

제가 만난 투자자 중에는 특별히 투자할 생각이 없는데 공시를 보는 분도 있습니다. 이유를 물었더니 재미로 본다고 했습니다. 공시를 보다 보면 회사가 어떤 일을 하고 있고, 어떤 일을 하려고 하는지 추정할 수 있습니다. 파편화된 공시를 보며 회사의 경영 활동을 예상해보고, 실제로 그런지 뉴스를 통해 맞춰보는 게 재밌다고 합니다. 공시는 익숙하지 않으면 한눈에 무슨 말인지 이해하기가 힘듭니다. 계속 공시를 보고, 해설된 기사를 보다 보면 경영진의 마음까지 읽을 수 있는 눈이 생길 겁니다.

• 6장을 마치며 •

이번 장에서는 중요하지만 너무도 멀게 느껴지는 공시에 대해 알아보았습니다. 사업보고서와 주요사항보고서 중심으로 중요한 포인트만 짚어 드렸는데 어떠셨나요? 공시를 읽는다는 건 내가 투자한 회사가 어떤 일을 하고 있는지 알아보는 일입니다. 처음에는 힘들겠지만 훈련하다 보면 기업의 상황을 읽는 안목이 길러질 것입니다. 다음 장에서는 주식시장을 움직이는 핵심 선수인 애널리스트, 펀드 매니저, 외국인 투자자에 대해 알아봅시다.

주식시장을 움직이는 핵심 선수들

FIGHTING!

자본시장의 길잡이, 애널리스트

애널리스트, 정체가 무엇이냐

우리가 주식을 거래하는 증권사에는 리서치센터가 있습니다. 그리고 리서치센터에는 경제와 산업을 분석하는 전문가들이 있습니다. 이들을 애널리스트라고 부릅니다. 담당 분야를 구분해 부르기도 하는데, 거시경제를 분석하는 사람은 이코노미스트, 산업을 분석하는 사람을 애널리스트, 주식시장의 전망을 바탕으로 종목별, 업종별 투자 비율 등을 배분해 투자 전략을 짜는 사람은 스트래티지스트라고 합니다.

애널리스트는 증권사 고객들에게 투자 자문을 제공하기 위해 정보를 수집하고 분석하는 사람들입니다. 증권사는 투자자들의 주식 거래를 대행해주고 수수료를 받습니다. 투자자들이 거래하려면 어떤 주식이 좋은지 판단을 해야 합니다. 애널리스트가 투자에 도움이 되는 분석을 해주면 투자자들은 더 적극적으로 투자할 수 있고, 증권사는 더 많은 수수료 수익을 얻을 수 있습니다.

한국의 경우 금융투자협회에 금융투자분석사로 등록한 사람을 애널리스트라고 말합니다. 2021년 3월 기준으로 금융투자분석사로 등록된 사람은 총 1063명입니다. 금융투자분석사가 되려면 금융투자회사에서 애널리스트의 보조업무를 1년 이상 해야 합니다. 애널리스트는 증권사 리서치센터에서 육성되기도 하고 실제 해당 산업에서 근무한 사람이 애널리스트가 되기도 합니다. 사람마다 차이는 있지만 리서치센터 출신 애널리스트는 주식 분석 능력이 뛰어나고, 업계 출신 애널리스트는 해당 산업에 대한 이해도가 높은 편입니다.

참고로 일부 인터넷 사이트에서 주식 전문가를 '사이버 애널리스트' 등으로 부르기도 하지만 이들은 정식 애널리스트가 아닙니다. 애널리스트는 개인적으로 주식 투자에 대한 상담을 제공하지 않고, 리포트로 작성하지 않은 종목은 추천하지 않습니다.

믿고 받는 애널리스트의 추천

애널리스트의 주요 업무는 주식을 추천하는 일입니다. 그렇다면 어떤 방식으로 주식을 추천할까요? 애널리스트는 기업의 실적을 추정하고 목표주가를 제시하는 일을 합니다. 현재 주가에 비해 목표주가가 높은, 주가 상승 가능성이 가장 높은 종목이 톱픽이 됩니다. 실적을 추정하려면 각 기업의 경영 상황을 면밀히 파악하고 경쟁력을 끊임없이 확인해야 합니다. 실적을 추정하고 나면 그에 근거해 기업 가치를 어느 정도로 평가할지 배수를 판단해야 합니다.

예를 들어 PER을 배수로 삼았다고 해보겠습니다. 당기순이익 추정치가 100억 원이고, PER이 10배면 시가총액은 1000억 원입니다. 현재 시가총액이 1000억 원보다 낮다면 매수, 높다면 매도 의견을 낼 수 있습니다. 여기서 PER을 9배로 할지, 10배로 할지 기준을 세우는 것이 애널리스트의 판단 영역입니다. 동종업계 다른 기업의 평균 PER을 적용할지, 좀 더 경쟁력이 있는 기업이라면 평균 이상의 PER을 적용할지 등을 검토합니다. 실적 추정치가 같다고 하더라도 배수를 얼마로 할지에 따라 목표주가가 달라집니다. 업종에 따라 PER을 배수로 할지, PBR을 배수로 할지도 애널리스트가 판단해야 합니다.

유익한 만큼 읽기 어려운 애널리스트 리포트

애널리스트 리포트에는 참 유익한 내용이 많이 담겨 있지만 일반인이 보기에는 어렵습니다. 애널리스트의 주요 고객이 개인이 아니라 주식 전문가인 기관 투자자, 펀드 매니저이고 그들의 언어로 리포트를 작성하기 때문입니다. 기관 투자자들은 대량으로 주식 거래를 합니다. 그만큼 증권사들이 얻는 수익도 크죠. 리서치센터는 대량 주문을 하는 기관 투자자를 위해 서비스를 제공하는 기구이기도 합니다. 애널리스트는 리포트를 발간할 뿐 아니라 평소에도 이슈가 발생할 때마다 그때그때 펀드 매니저에게 투자 의견을 전합니다. 또 세미나를 열어 상세한 산업 현황을 전하기도 하죠.

어쨌든 개인 투자자들도 애널리스트가 발간하는 리포트를 통해 기업 분석과 투자 의견을 볼 수 있습니다. 그들의 언어를 이해하기 위해 공부를 해야 한다는 불편함은 있지만 말이죠. 최근 개인 투자자가 늘어나면서 증권사는 개인 투자자가 좀 더 이해하기 쉽게 리포트를 쓰기 위해 노력하고 있습니다. 또 유튜브를 통해 애널리스트들의 세미나를 공개하기도 하죠. 투자 정보에 접근하기가 더 편리해졌습니다.

애널리스트는 왜 보수적일까?

애널리스트의 리포트는 주식시장에 많은 영향을 미치기 때문에 철저한 과정을 거쳐 발간됩니다. 만약 애널리스트가 미리 주식을 사고 리포트를 발간해 종목을 추천하면 법적 처벌을 받습니다. 또 승인을 받지 않은 의견을 방송 등에서 이야기하는 것도 규정 위반입니다. 영향력이 큰 만큼 애널리스트는 공개적으로 의견을 말할 때 보수적인 경향이 있습니다.

개인 투자자들은 애널리스트가 매수 의견만 낸다고 불만을 토로합니다. 금융투자협회에 따르면 2020년 한 해 동안 한 번이라도 매도 리포트를 발간한 증권사는 9%에 불과했습니다. 매도 리포트 비중은 평균 0.8%에 불과합니다. 증시 상황은 항상 변하는데 매번 매수만 하라고 하니 신뢰할 수 없다고 생각하게 되죠. 그러나 애널리스트가 매도 리포트를 내지 않는 데는 여러 가지 이유가 있습니다.

매도 리포트를 내기 어려운 이유

일단 국내 주식시장에는 공매도가 활성화되어 있지 않기 때문에 주가가 하락하는 것을 반기는 사람은 없습니다. 애널리스트의 리포트는 영향력이 크기 때문에 매도 리포트를 낼 경우 주가가 하락할 가능성이 큽니다. 만약 매도 리포트를 낸 후 주가가 하락하면 애널리스트는 해당 기업에게 엄청난 항의를 받게 됩니다.

주주들의 열렬한 지지를 받는 바이오 기업 C사는 한 증권사가 매도 리포트를 내자 항의하며 계좌 이전 운동을 추진하기도 했습니다. 대기업 C사는 자신들이 추진하는 합병안에 증권사가 반대 의견을 내자 계열사 금융거래를 단절하겠다고 압박하기도 했습니다. 또 정부 정책에 대한 비판적인 리포트가 발간되자 정부가 다양한 방식으로 압력을 행사한 경우도 있습니다. 대기업에 대한 매도 리포트를 내면 해당 회사가 강하게 항의하며 기업 정보 제공을 거부하는 경우도 있습니다. 이런 상황들을 애널리스트 개인이 감당하기는 쉽지 않죠.

애널리스트는 그래서 간접적으로 매도 의견을 냅니다. 매수 의견을 유지하면서 목표가를 하향 조정하거나 투자 의견을 제시하지 않는 식이죠. 매도 의견은커녕 중립 의견도 희소하니 중립 의견은 사실상 매도 의견으로 간주됩니다. 더 보수적인 애널리스트는 실적 추정치를 낮추는 방식으로 비관적인 전망을 '몰래' 알려주기도 합니다.

이해관계에 따라 애널리스트를 압박하는 사람들이 많다 보니 우리는 애널리스트의 솔직한 의견을 들을 수 없게 되어버렸습니다. 그럼에도 다양한 자본시장 전문가 중에 분석을 주업으로 하는 직업은 애널리스트밖에 없습니다. 아쉬운 점이 있겠지만 애널리스트가 발간하는 리포트는 주식 투자에 훌륭한 길잡이가 되어줍니다.

 돈 버는 알짜 지식

베스트 애널리스트, 나야 나

주식 투자자 중에는 베스트 애널리스트의 추천 종목과 리포트를 찾는 사람이 많습니다. 베스트 애널리스트는 매일경제, 한국경제 등 언론사가 펀드 매니저들로부터 투표를 받아 선정합니다. 애널리스트의 실력 평가를 투표로 한다는 게 좀 특이하죠. 아무래도 펀드 매니저도 전문가 조직이니 전문성에 대해 평가할 수 있다고 보는 것이고, 애널리스트의 주요 고객이 펀드 매니저이기 때문이기도 합니다. 베스트 애널리스트가 되면 최고의 애널리스트라는 명예와 함께 고액 연봉도 받을 수 있습니다.

어닝서프라이즈, 애널리스트가 놀랐어요

어닝서프라이즈, 좋은 거예요?

주식 투자를 할 때 가장 기본이 되는 것은 실적입니다. 실적 말고도 주가에 영향을 미치는 요인은 너무나 많지만 가장 많은 투자자가 주식 투자를 할 때 실적을 중요하게 생각하기 때문이죠. 증시의 길잡이 역할을 하는 애널리스트들은 기업의 실적을 추정합니다. 실적 추정은 미래의 일이기 때문에 애널리스트마다 의견이 다를 수 있습니다. 그래서 한 명의 애널리스트뿐 아니라 여러 명의 의견을 종합해 평균치를 내놓은 것이 컨센서스consensus입니다. 일반적으로 투자의견, 목표주가, EPS, PER 등에 대해 약 20개 증권사 애널리스트의 의견을 종합합니다.

실적 시즌이 되면 '어닝서프라이즈earning surprise', '어닝쇼크earning shock'라는 단어를 발견할 수 있습니다. 어닝서프라이즈는 기업의 실적이 예상보다 좋았을 때를 의미합니다. 어닝쇼크는 기업의 실적이 예상보다 훨씬 미치지 못했을 때를 뜻하죠. 여기서 '예상'이라는 것은 일반 투자자의 예상이 아니라, 애널리스트의 컨센서스를 기준으로 합니다.

어닝서프라이즈는 단순히 실적이 잘 나왔다는 의미가 아닙니다. 예상보다 잘 나왔다는 의미입니다. 아무리 실적을 많이 올렸어도 애널리스트들이 예측한 수준이라면 어닝서프라이즈라고 표현하지 않습니다. 어닝쇼크 역시 단순히 실적이 안 좋은 차원이 아니라 예상하지 못한 실적 악화를 의미합니다.

어닝서프라이즈가 나오면 애널리스트는?

어닝서프라이즈가 나오면 일반적으로 주가가 오릅니다. 주가는 기대를 반영합니다. 실적이 잘 나올 거라는 전망이 지배적이었다면 이미 주가에는 개선된 실적 기대감이 반영됐다고 봐야 합니다. 반면 실적이 기대치보다 훨씬 높게 나온다면 개선된 실적은 주가에 반영되지 않았다는 의미이기도 합니다.

어닝서프라이즈가 발생하면 애널리스트들은 실적 추정치를 수정합니다. 그리고 왜 예상보다 실적이 더 잘 나왔는지 분석합니다. 근본적인 기업 가치에 변화가 있다고 판단하면 배수를 수정해야 할 수도 있습니다. 어닝쇼크 역시 마찬가집니다. 실적이 예상보다 낮을 때도 애널리스트들은 그 이유를 찾습니다. 실적 추정치를 수정하고 배수를 조정하며 목표주가를 낮춥니다.

어닝쇼크가 발생했는데 실적 추정치를 올린다고?

대규모 비용이 일회적으로 지출되면서 어닝쇼크가 발생할 때가 있습니다. 기업들은 분기 중에 손실을 반영해야 하는 경우가 있는데요. 예를 들어 2020년 3분기에 현대차는 엔진 결함 충당금을 2조 원가량 손실로 반영하면서 3000억 원 적자를 기록했습니다. 그 당시 증권가의 영업 이익 컨센서스는 1조 원이 넘었습니다. 무려 1조 3000억 원의 어닝쇼크가 발생한 셈이죠.

그런데 증권가는 오히려 실적 추정치를 상향 조정했습니다. 과거 발생한 엔진 결함 때문에 충당금 비용을 반영했지만, 기업의 본질적인 가치에는 문제가 없다고 판단한 겁니다. 또 일회성 비용을 제외한 영업이익은 증권가 컨센서스를 넘었기 때문입니다. 어닝서프라이즈, 어닝쇼크가 발생하면 이유를 잘 찾아봐야 합니다. 일회성 요인이라면 시장에 큰 영향을 미치지 않겠지만 본질적인 요인이라면 투자 의견을 바꿔야 할 수도 있기 때문입니다.

주주를 위한 배려, 가이던스

어닝서프라이즈가 나오면 주가가 오르기는 하지만 바람직한 현상은 아닙니다. 기업은 합법적인 수단을 통해 자신들의 상황을 주주들에게 알려야 하고, 이를 위해 애널리스트들과 소통합니다. 그런데 깜짝 실적이 나온다는 것은 그만큼 시장과 잘 소통하지 못했다는 의미이기도 합니다. 그래서 기업에서 제공하는 가이던스guidance는 중요합니다. 가이던스는 기업이 스스로 시장에 제공하는 실적 전망치이기도 하고, 목표치이기도 합니다. 기업 사정을 가장 잘 아는 사람은 아무래도 기업 내부자들입니다. 기업들은 가이던스를 제시함으로써 자신들의 상황을 시장에 알리고자 합니다. 일반적으로 실적 발표를 할 때 전분기 실적을 정리하며 다음 분기에 대한 전망과 가이던스를 알리곤 합니다.

가이던스는 매우 중요한 주가 모멘텀momentum*이 되기도 합니다. 예를 들어 2020년 3분기 한국조선해양은 코로나19로 선박 발주가 대폭 줄어서 연초에 제시했던 목표를 불가피하게 수정할 수밖에 없다고 밝혔습니다. 그러면서 연초 목표보다 30% 감소한 100억 달러를 목표로 조정했습니다. 코로나19로 선박 발주가 대폭 줄었다는 것은 대부분 인식하고 있는 내용이었습니다. 9개월 동안 수주 목표의 절반밖에 달성하지 못했는데 남은 3개월 동안 20%p 넘는 수주를 달성하겠다고 한 겁

| **모멘텀** | 주가 추세의 가속도를 측정하는 지표로 쓰인다. 즉, 주가가 상승세를 타고 있을 때 얼마나 더 탄력을 받을 수 있는지, 또는 주가가 하락하고 있을 때는 얼마나 더 떨어지게 되는지를 예측할 때 참고한다.

니다. 남은 기간 수주가 대폭 늘어날 것이라는 의미입니다. 조선사들은 실제로 3분기까지 수주액의 두 배에 달하는 일감을 쓸어 담아 연간 목표의 70% 이상을 달성했습니다. 한국조선해양 주가는 연말까지 60% 넘게 급등했습니다. 그와 함께 2021년 1분기 실적 발표 콘퍼런스에서는 슈퍼 사이클의 초입이었던 2003년과 비슷한 상황이라고 언급했습니다. 이후 주가가 또 급등했습니다.

가이던스는 주주를 위한 배려이기도 합니다. 현대차는 이전까지 연간 가이던스를 제시하지 않았습니다. 기업이 가이던스를 제시해야 할 의무는 없습니다. 막상 제시했다가 지키지 못하면 비판을 받을 수도 있죠. 현대차는 2020년부터 'CEO 인베스터 데이'를 열어 가이던스를 제시하기 시작했습니다. 그러자 한 증권사들은 "가이던스 제시는 자신감의 표현"이라며 목표주가를 단숨에 30% 상향 조정하기도 했습니다. 실적 발표를 할 때 지난 분기의 결과물인 실적 발표뿐 아니라 실적 발표 콘퍼런스 콜에서 제시되는 가이던스도 중요하게 봐야 하는 이유입니다.

펀드 매니저, 주식 투자는 나에게

매우 영향력 있는 주식시장의 플레이어

주식 투자의 3주체는 외국인, 기관, 개인입니다. 펀드 매니저는 기관 투자자 중 고객의 자산을 맡아 펀드를 관리하고 운용하는 사람으로 주식시장에서 매우 영향력 있는 플레이어입니다. 개인 투자자와 다른 패턴으로 주식을 매매하며 개인 투자자들의 지탄을 받기도 하고, 큰돈을 굴리며 주식시장을 쥐락펴락하는 세력으로 인식되기도 합니다. 엄밀히 구분하면 펀드 매니저는 자산운용사나 투자자문사, 헤지펀드에서 직접 펀드를 운용하는 사람으로 한정됩니다.

기업의 자금으로 투자를 하거나 남의 돈을 맡아 투자하는 사람을 통틀어 펀드 매니저라고 부르기도 하지만 이들은 사실 펀드 매니저가

| 연기금 | 연기금은 연금과 기금을 합친 말로 '연금기금 (年金基金)'이라고도 한다. 연금을 지급하는 원천이 되는 기금, 즉 연금제도에 의해 모여진 자금을 의미한다.

아닙니다. 왜냐하면, 기업의 자금이나 제도적 틀 안에서 모집한 자금이 아니면 펀드가 아니기 때문입니다. 또 연기금°, 보험, 은행 등도 매우 중요한 기관 투자자이지만 펀드 매니저라고 하지는 않습니다. 연기금, 보험, 은행은 자기가 직접 주식 투자를 하지 않고 자산운용사에 자금을 맡깁니다. 이들의 돈을 맡아 운용하는 사람이 펀드 매니저입니다. 또한 펀드 매니저는 투자에 대한 의사 결정은 하지만 실제 매매는 트레이더가 합니다.

시장이 안 좋아도 투자를 해야 하는 숙명

펀드 매니저에게는 거대한 자금과 수많은 정보가 모입니다. 시세를 움직일 수 있는 자금과 남들보다 빠르게 확보한 정보가 있으니 수익을 내기 쉬워 보이죠. 하지만 펀드 매니저는 투자할 때 다양한 제약에 부딪힙니다. 개인 투자자처럼 자유롭게 투자할 수 없습니다. 좋은 정보가 있다고 하더라도 마음대로 주식을 살 수 없고 반대로 나쁜 정보가 있더라도 마음대로 주식을 팔 수도 없습니다.

우선 자금 측면에서 펀드 매니저는 고객의 자금이 유입되면 무조건 주식을 사고 자금이 유출되면 무조건 팔아야 합니다. 시장이 안 좋을 때도 주식 투자를 해야 합니다. 주식형 펀드를 운용하는 매니저는 운용 자금의 대부분을 주식에 투자해야 합니다. 시장이 약세를 보일 것으로 전망한다고 해도 마음대로 주식을 팔 수 없습니다. 아무리 현금 비중을 늘려도 10% 이내이고, 90% 이상은 항상 주식에 투자해야 합니다. 펀드 매니저가 운용하는 돈은 고객이 주식에 투자하라고 맡긴 돈이기 때문입니다.

연기금이 펀드에 돈을 맡겼다고 해보겠습니다. 연기금은 주식과 채권, 대체투자 등에 자산을 배분합니다. 그리고 주식에 배분한 자금을 펀드 매니저에게 맡깁니다. 그런데 펀드 매니저가 주식시장이 나빠 보인다고 주식을 사지 않으면 연기금의 포트폴리오 전략에 차질이 생깁니다. 또한 펀드 환매가 나오면 무조건 주식을 팔아야 합니다. 고객에게 돈을 돌려줘야 하기 때문입니다.

코로나19 여파로 주식시장이 하락하고 개인 투자자들이 직접 투자에 나섰을 때 기관 투자자들은 주식을 팔았습니다. 기관 투자자들이 굳이 시장 전망을 어둡게 보고 판 것은 아닙니다. 개인 투자자들이 직접 투자를 하기 위해 펀드를 환매하면 펀드 매니저는 주식을 팔아서 자금을 돌려줘야 합니다.

펀드 매니저의 목표, 지수보다 높은 수익

펀드 매니저의 목표는 시장을 이기는 겁니다. 절대적으로 돈을 많이 벌어야 한다는 것보다 지수보다 높은 수익을 내는 것이 목표죠. 자산운용사는 펀드로 운용할 수 있는 주식의 가이드라인을 갖고 있습니다. 대부분 대형주입니다. 고객이 환매를 원하면 바로바로 주식을 팔아서 돈을 돌려줘야 하는데, 시가총액이 작은 중소형 주식을 샀다가 자칫 잘못하면 팔면서 주가가 크게 하락할 수 있습니다. 또 일정한 지분율 이상 주식을 취득하게 되면 공시를 해야 하고, 절차가 복잡하기 때문에 중소형주는 꺼리는 경향이 있습니다.

펀드 매니저는 운용사가 제시하는 모델 포트폴리오로 전체 자금의 70% 정도를 채우고 나머지 30% 정도의 자금으로 운용을 합니다. 펀드 매니저가 능력을 발휘할 수 있는 부분은 그 정도입니다. 또 큰 규모의 자금을 운용하기 때문에 주식을 함부로 샀다 팔았다 할 수 없습니다. 주식을 사다가 주가가 오를 수도 있고, 주식을 팔다가 주가가 내려가서 펀드 수익률을 떨어뜨릴 수 있습니다.

하루에 수십억, 수백억씩 이익을 보거나 손실이 나면 멘탈을 관리하기 힘듭니다. 그래서 펀드 매니저들은 주식을 사고팔 때 금액보다 비율을 중시합니다. 실적 개선이 기대되는 종목이 있다면 전체 자금의 1% 규모로 주식을 매수하는 등의 방식입니다. 또한 최대한 시장에 영향을 주지 않기 위해 프로그램으로 기계적인 거래를 주로 합니다. 시기를 정해놓고 거래량의 일부를 분할 매수·매도를 하죠. 심지어 주가 급등락이 가장 심한 동시호가에는 주문을 내지 않습니다.

펀드 매니저가 수익을 내는 비결은 산업별 비중 조절입니다. 다양한 업종의 주식을 가지고 있으면서도 전망이 좋은 주식에 대한 비중을 높이고, 그렇지 않은 주식의 비중을 축소합니다. 또 말 그대로 쌀 때 사고 비쌀 때 파는 전략을 지향합니다. 그러다 보니 한참 주가가 오르고 개인 투자자들이 관심을 가질 때 기관 매물이 나와서 실망시키기도 하죠.

투자 경쟁자가 아니라 투자 대리인

펀드 매니저들은 의외로 개인 투자자들과 주식 투자로 경합할 일이 많지 않다고 합니다. 펀드 매니저들이 주로 다루는 종목과 개인들이 주로 거래하는 종목이 상당히 다르기 때문입니다. 한 펀드 매니저는 펀드 매니저를 경쟁자가 아니라 투자 대리인으로 인식해줬으면 좋겠다는 말을 전했습니다.

그는 직업이 펀드 매니저라고 하면 좋은 종목을 추천해달라는 사람이 많지만 윤리적인 문제도 있고, 어차피 투자 방식이 다르기 때문에 추천해주지 않는다고 합니다. 차라리 전문적인 리서치 조직과 시스템의 지원을 받을 수 있는 자신의 펀드에 가입하라고 권한다고 합니다. 자신에게 종목을 추천해달라고 하기보다 투자 자체를 맡겨준다면 전력을 다해 운용해줄 수 있기 때문이죠.

목표 수익률을 낮추고 좀 더 장기적으로 보면 개인이 하는 것보다는 전문가에게 투자를 맡기는 것도 좋은 투자 대안이 될 것입니다. 좋은 펀드를 고르려면 펀드 매니저가 잘 안 바뀌는 펀드를 고르는 것이 좋습니다. 펀드 매니저는 아무리 수익률이 높아도 다른 매니저보다 낮아 하위권에 머무르게 되면 회사를 떠나야 합니다. 그래서 이직이 잦습니다. 그래서 펀드 매니저가 안 바뀐다는 것은 그만큼 꾸준히 높은 성과를 내고 있는 펀드라는 의미입니다.

외국인 투자자, 정체가 무엇이냐

외국인 투자자의 등장

뉴스를 보면 종종 "외국인 매수세에 힘입어 주가가 승상했다", "개인은 힘겹게 매수세를 이어갔지만 기관 매도세에 주가는 맥을 못 췄다" 등의 소식을 들을 때가 있습니다. 여기서 외국인, 기관, 개인은 앞서 말한 주식 투자의 주체를 말합니다.

외국인 투자자는 1992년 도입된 외국인 투자등록 제도에 따라 국내 주식에 투자하기 위해 금융감독원에 인적사항을 등록해 투자등록증을 받은 투자자입니다. 외국인 투자자의 주식 투자 업무는 외국인이 직접 하는 경우가 많지 않습니다. 대부분은 국내 증권사 등이 주문 대행 업무를 합니다.

1992년 한국 자본시장에 외국인 투자자들이 처음 등장했을 때 저 PER주 강세 현상이 일어났습니다. 그전까지만 해도 한국 자본시장은 우리만의 리그였습니다. 몇몇 큰손들의 움직임에 따라 주가가 출렁이는 수준이었죠. 좀 더 선진화된 자본시장을 경험한 외국인 투자자들은 기업 실적을 점검하고 PER과 같은 투자 지표를 활용해 투자를 했습니다. 주요 수급 세력으로 등장한 외국인 투자자들이 저평가 우량주 장기 투자를 하면서 국내 기업들의 가치가 재평가되는 모습도 보였죠.

2004년 SK그룹의 경영권 분쟁을 초래한 소버린 펀드는 외국인 투자자의 또 다른 모습을 보여줬습니다. 재벌 대기업의 경영권을 투자자가 빼앗는다는 것은 상상할 수 없는 일이었습니다. 외국인 투자자는 재벌 대기업의 잘못된 행태를 가만히 두고 보지 않았습니다. 형식적인 것으로 인식됐던 주주의 권리를 실제로 행사하는 모습을 보였죠. 이로써 외국인 투자자는 국내 투자자에 비해 탁월한 투자 전략을 갖고 있으며 높은 수익률을 기록한다는 인식이 확대됐습니다.

노련한 투자자 또는 게으른 투자자

외국인 투자자는 매우 상반된 두 가지 모습을 보여줍니다. 하나는 매우 노련하고 정교하게 투자를 한다는 것이고, 두 번째는 한국에 대해 잘 모르는 게으른 투자자라는 것입니다. 사실 외국인이라는 이유로 이들을 하나의 투자 주체로 규정할 수는 없습니다. 첨단 금융 기법으로 무장한 투자자도 있고, 지수에 따라 포트폴리오를 조정하며 한국에는 관심이 전혀 없는 투자자도 있습니다. 외국인 투자자 중에는 전 세계 증시를 아우르는 글로벌 투자자도 있습니다. 이들은 전세계 리서치센터를 통해 정보를 수집합니다.

한국 시장은 주요 선진 시장의 영향을 많이 받기 때문에 선진 시장 정보에 밝은 외국인 투자자들은 좀 더 유리해 보이기도 합니다. 기분 탓인지는 모르지만 외국인 투자자가 많이 사는 주식은 오르고, 개인 투자자가 많이 사는 주식은 빠지는 것 같습니다. 그러다 보니 '외국인 따라잡기'라는 투자법이 있습니다. 외국인 매수 상위 종목을 추격해 매수하는 방식입니다.

다른 투자자의 매매를 따라 하는 방식은 상식적으로 바람직하지 않습니다. 그 사람보다 늦게 사고, 늦게 팔기 때문에 수익을 얻을 때나 손실을 볼 때 더 불리합니다. 하지만 이 투자 방식의 전제는 '외국인 투자자는 개인 투자자보다 뛰어나다'이기 때문에 '외국인 투자자에 비해서는 불리할지 몰라도 다른 국내 개인 투자자보다는 유리하다'고 믿으며 투자를 하는 겁니다. 하지만 정말 외국인 투자자는 개인 투자자보다 높은 수익을 올리고 있을까요?

외국인 투자자와 개인 투자자의 수익률 비교

2020년에 코스피는 코로나19로 1400선까지 급락했다가 2800선을 회복하며 거래를 마쳤습니다. 코로나19 이전 수준을 회복한 정도가 아니라 코로나19 영향이 본격화되기 전인 2019년 말에 비해서도 30% 더 높은 수준입니다. 수익률 측면에서 G20 국가 중 1위입니다. 지수 상승의 주역은 누가 뭐라고 해도 '동학개미'라고 불린 개인 투자자입니다.

코스피 시장에서 개인 투자자는 무려 47조 5000억 원어치를 사들였습니다. 주식 거래 활동 계좌는 2020년 초 2900만 개에서 시작해 연말에는 3500만 개로 약 600만 개가 늘었습니다. 같은 기간에 외국인 투자자는 24조 원, 기관은 25조 원을 순매도했습니다. 외국인 투자자의 시가총액 보유 비중은 38.2%에서 35.7%로 낮아졌습니다. 개인 투자자와 외국인 투자자가 선호했던 종목의 수익률을 비교해보면 외국인 투자자가 더 높습니다.

개인 투자자 매수 상위 종목은 삼성전자, 곱버스라 불리는 코덱스200선물인버스2X, 현대차, 네이버, 신한지주, 카카오 등입니다. 상위 10개 종목의 평균 수익률은 50%입니다. 개인 투자자의 수익률을 끌어내린 건 지수가 하락할 때 이익을 보는 곱버스를 너무 많이 샀기 때문입니다. 개인 투자자들은 곱버스를 무려 3조 5000억 원 이상 순매수했습니다. 50%면 꽤 높은 수익률인데, 주가 하락에 베팅했다가 60% 손실을 본 곱버스 투자 때문에 평균 수익률이 낮아졌습니다.

개인 투자자 매수 상위 종목 수익률	
종목명	수익률
삼성전자	46.7%
삼성전자우	61.4%
KODEX선물인버스2X	-60%
현대차	62.7%
네이버	60.2%
신한지주	-24%
카카오	155%
SK	-6%
셀트리온헬스케어	210%
한국전력	-3.8%
평균수익률	50.1%

출처: 한국거래소

외국인 투자자의 매수 상위 종목은 LG화학, 코덱스200TR, 신풍제약, 삼성전기, 코덱스 톱5plusTR, 셀트리온, 타이거200, 알테오젠 등이었습니다. 눈에 띄는 건 ETFExchange Traded Fund* 매수가 많았다는 점입니다. 특히 TRTotal Return 방식의 ETF를 선호하고 있습니다. TR은 배당을 받으면 투자자들에게 주는 것이 아니라 모두 재투자하는 방식입니다. 외국인 투자자들은 세금, 환율 등의 문제 때문에 TR ETF를 선호한다고 합니다.

특이한 점은 개인 투자자 중에서도 공격적인 투자자들이 선호하

| **ETF** | 주식처럼 거래가 가능하고, 특정 주가지수의 움직임에 따라 수익률이 결정되는 펀드.

는 코로나19 테마주 신풍제약을 많이 산 것입니다. 신풍제약은 말라리아 치료제를 만드는 회사인데, 코로나19 치료제로 사용될 수 있다는 기대로 주가가 급등했습니다. 갑자기 주가가 오르다 보니 시가총액을 기준으로 구성되는 코스피200에 편입됐습니다. 그랬더니 기계적으로 주식을 매매하는 자금들이 덩달아 신풍제약을 매수하게 됐고, 외국인 매수 상위 3위 종목이 되었습니다. 외국인 투자자 중 전략적 투자자뿐 아니라 기계적으로 한국 증시에 투자하는 투자자가 많다는 걸 확인할 수 있습니다.

외국인 투자자 매수 상위 종목 수익률	
종목명	수익률
LG화학	162%
코덱스200TR	37%
신풍제약	1593%
삼성전기	40.7%
코덱스 톱5plusTR	23.3%
셀트리온	99%
타이거200TR	37.1%
알테오젠	157%
삼성SDI	170%
코덱스·코스닥150	48.3%
평균 수익률	237%

출처: 한국거래소

기관 투자자는 레버리지 ETF를 많이 매수했습니다. 수익률은 73%로 개인 투자자보다는 높았지만, 외국인 투자자보다는 낮았습니다. 기관은 2020년 주식시장에서 별다른 존재감을 보이지 못했습니다. 개인 투자자가 펀드를 환매해 직접 투자에 나서면서 기관은 주로 매도를 하는 입장이었습니다. 개인 투자자들은 기관 투자자들이 주가 상승에 이바지하지 못한다고 비판하곤 합니다. 기관이 주식을 팔 수밖에 없었던 것은 개인 투자자들이 펀드 환매를 요청했고, 그들에게 자금을 돌려줘야 했기 때문이라는 점은 아이러니합니다.

기관 투자자 매수 상위 종목 수익률	
종목명	수익률
코덱스 코스닥150 레버리지	94.1%
코덱스 레버리지	67.5%
타이거 200	34.1%
삼성바이오로직스	92.7%
포스코	15.2%
코덱스 200	34%
기아차	46.8%
미래에셋대우	26.7%
현대차2우B	13.7%
포스코케미칼	110.7%
HMM	272%
평균 수익률	73.4%

출처: 한국거래소

외국인 투자자의 진짜 실력을 파헤쳐보자

외국인 투자자는 정말 실력이 좋을까?

외국인 투자자는 과연 개인 투자자보다 많은 정보와 풍부한 자금으로 유리한 위치에서 투자를 하고 있는 것일까요? 전문가들의 의견을 들어보면 꼭 그렇지만은 않다고 합니다. 우선 외국인 투자자, 개인 투자자라는 분류가 투자 실력을 규정해주는 것은 아닙니다. 개인 투자자 중에도 수십 년 동안 투자한 경험이 있고 수백억의 자금을 굴리는 '슈퍼 개미'가 있습니다. 반대로 코로나19로 급락한 시장에 처음 진입한 '초보 개미'도 있죠. 장기 투자를 선호하는 사람, 테마주를 선호하는 사람 등 수많은 개인 투자자가 모여 개인 투자자로 분류됩니다.

외국인 투자자도 마찬가지입니다. 외국인 투자자 중에는 단기 투자를 선호하는 사람도 있고 장기 투자를 선호하는 사람도 있습니다. 첨단 투자기법과 글로벌 정보망을 활용해 투자하는 사람도 있고, 한국 사람인데 외국인 계정을 쓰는 이른바 '검은 머리 외국인'도 있습니다. 한 자산운용사 대표는 "외국인이 우리 펀드에 가입해 투자하면 기관 투자자 순매수가 된다"며 "외국인, 기관, 개인이라는 분류가 투자 실력, 투자 성향을 의미한다고 보면 안 된다"라고 말했습니다. 투자 주체별 수급이 투자에 유의미한 지표가 아니라는 뜻입니다.

그럼에도 추정해볼 수는 있습니다. 외국인 투자자는 대부분 코스피 시장보다 글로벌 시장, 특히 미국 시장에 영향을 많이 받습니다. 2020년 말 기준으로 한국 주식을 어떤 국가의 투자자가 많이 보유했는지 살펴보면, 미국이 41.5%로 압도적으로 높습니다. 2위인 영국이 8%, 3위 룩셈부르크가 6.8%로 미국과 격차가 큽니다.

2020년 12월 외국인 투자자 증권 투자 동향		
국적	'20.12월 말(십억)	비중
미국	317,435	41.5
영국	61,007	8.0
룩셈부르크	52,113	6.8
싱가포르	40,916	5.4
아일랜드	33,248	4.3
네덜란드	25,007	3.3

출처: 한국거래소

한국 시장에 대해 누가 더 잘 알까?

외국인 투자자들은 국내 증시의 악재보다 미국에서 발생한 악재에 더 예민하게 반응하는 경향을 보입니다. 코로나19로 주가가 급락할 때 이 같은 현상이 극명하게 나타났습니다. 한국에 코로나19 확진자가 급격하게 늘어난 시점은 2020년 3월 초입니다. 하지만 코스피지수가 급격하게 하락한 것은 3월 중순 이후입니다. 미국에 코로나19 확진자가 급증하고 미국 금융시장이 급락했던 시점입니다. 정보에 대한 민감도가 다른 거죠. 또한 국내 수출 대기업들의 실적은 미국 수출의 영향을 많이 받습니다.

미국 시장에 대해서는 미국 투자자들이 더 잘 알겠죠. 그렇다면 국내 기업 정보는 국내 투자자들이 더 많이 알 수밖에 없습니다. 그럼에도 외국인 투자자의 수익률이 더 높은 것은 투자 방식의 영향이 더 큰 것 같습니다.

주식 투자의 패턴을 보면 외국인 투자자가 오히려 정보에 둔하기 때문에 글로벌 자금 흐름과 기업의 펀더멘탈을 토대로 거래를 합니다. 개별 기업 정보를 일일이 파악할 수 없기 때문입니다. 반면 개인 투자자는 정보, 주가 급등락에 예민하게 반응합니다. 오히려 매일매일 뉴스와 정보에 일희일비하는 투자가 수익률을 높이는 데 방해가 된다고 볼 수 있죠.

주식은 결국 투자자들끼리 사고파는 일

투자 주체별 투자 종목을 볼 때 또 조심해야 할 부분이 있습니다. 주식은 투자 주체들끼리 사고파는 겁니다. 사는 사람이 있으려면 파는 사람이 있어야 하고, 파는 사람이 있으면 사는 사람이 있어야 한다는 겁니다. 예를 들어, 외국인 투자자는 열심히 현대차를 사고 있는데 개인 투자자는 현대차를 팔고 있다고 해보겠습니다. "한 수 위에 있는 외국인은 뭔가 알고 사들이는데 바보 같은 개인이 팔고 있는 건 아닐까?" 또는 "애플과의 협력설 같은 걸 외국인은 알고 있는 게 아닐까?" 하는 불안감이 듭니다. 이는 잘못된 판단입니다.

외국인 투자자가 샀다는 것은 기관이나 개인 투자자가 팔았다는 거고, 개인 투자자가 샀다는 것은 기관이나 외국인 투자자가 팔았다는 겁니다. 2020년에 개인 투자자들이 가장 많이 산 주식은 삼성전자, 삼성전자 우선주입니다. 외국인 투자자가 가장 많이 판 주식은 뭘까요? 바로 삼성전자, 삼성전자 우선주입니다. 기관 순매도 상위 종목 역시 삼성전자, 삼성전자 우선주입니다. 개인 투자자 순매도 1위 종목인 LG화학은 앞서 설명했듯 외국인 투자자 순매수 1위 종목입니다.

외국인 투자자는 우리의 적이 아니다

외국인 투자자를 대결 대상으로 보는 투자자들이 있습니다. 이들은 또 마치 한국 증시를 방어해야 할 책임을 저버린 앞잡이처럼 기관 투자자를 바라봅니다. 그러나 개인 투자자가 주식을 많이 매수하려면 외국인 투자자, 기관 투자자가 보유 주식을 팔아야 합니다. 그러므로 적대감을 보일 이유가 없습니다.

모든 투자 주체는 각자의 상황과 목적에 따라 투자를 합니다. 개인 투자자는 자기 자금을 주식시장에 투자해 수익의 기쁨과 손실의 아픔을 직접 감수하는 주체입니다. 기관 투자자는 개인 투자자들의 자금을 위탁받아 투자하기 때문에 고객의 수익률을 높이기 위해 최선을 다해야 합니다. 외국인 투자자 역시 국적이 다를 뿐 개인 투자자, 기관 투자자와 다를 바 없습니다. 투자 주체별 투자 동향을 지나치게 감정적으로 볼 필요는 없을 것 같습니다.

• 7장을 마치며 •

이번 장에서는 주식시장을 움직이는 전문가인 애널리스트와 펀드 매니저, 그리고 외국인 투자자에 대해 알아보았습니다. 애널리스트는 왜 매수 의견만 내는지, 외국인 투자자는 정말 실력이 좋은지 등 우리가 흔히 가지고 있는 오해들에 대해서도 살펴보았는데 유익했나요? 다음 장에서는 우리가 꼭 피해야 할 주식시장 속의 부정 거래들을 알아보겠습니다. 나와 상관없는 이야기 같더라도 다 읽고 나면 시장을 보는 눈이 길러질 겁니다.

꼭 조심해야 할 주식시장 속 부정 거래

작전세력들의
은밀한 시세 조종

작전세력, 증오 또는 동경의 대상

주식 종목 토론방을 구경하다 보면 '작전세력이 붙은 것 같다'라는 게시글을 종종 볼 수 있습니다. 작전세력은 투자자들 사이에서 증오의 대상이자 동경의 대상입니다. 주가가 인위적으로 올라갈 때는 든든한 우군처럼 느껴지지만, 주가를 급락시킬 때는 증오의 대상입니다. 또 주가를 마음대로 움직일 수 있으니 가끔 부럽기도 합니다. 내가 산 주식에 어떤 세력이 붙어서 주가를 띄워줬으면 하는 바람도 있습니다.

주식 불공정 거래는 단어 그대로 공정하지 않은 방식으로 주식에 투자하는 것을 말합니다. 좀 더 구체적으로 보면 자본시장법에 명시

된 시세 조종, 미공개 정보 이용, 부정 거래 등을 하는 것을 작전이라고 합니다. 불법이 아니라면 투자 전략이라고 해야겠죠.

시세 조종의 다양한 방법

시세 조종은 주가를 인위적으로 조작하려는 목적으로 주문을 내는 행위를 말합니다. 어떤 수법들이 있을까요?

• 통정매매 이용하기

통정매매는 미리 정해둔 가격과 물량으로 거래를 하는 행위입니다. 한쪽 계좌에서 1만 주, 1만 원 매도 주문을 내면서 다른 계좌에서는 1만 주, 1만 원 매수 주문을 내는 거죠. 우선 주가에 영향을 미치지 않게 주식을 매집합니다. 그리고 나서 매수 단가를 높이면서 통정매매를 하면 주가는 계속 오릅니다. 내가 사고 내가 파는 거라 주가가 오른다고 수익이 생기는 것은 아닙니다. 거래량이 늘어나고 주가가 올라가면 급등주를 추종하는 투자자들이 따라붙게 됩니다. 그러면 매집한 물량을 매도하면서 수익을 내는 거죠.

• 검은 머리 외국인 이용하기

외국인 투자자가 주식을 매수한다고 하면 뭔가 기대를 하게 됩니다. 이러한 기대 심리를 이용해 시세 조종을 합니다. 외국인 계좌를 이용할 뿐 실제로는 외국인이 아닌 투자자가 특정 종목을 매수해 외국인 투자 비율을 높이는 거죠. 설사 외국에 있는 투자자라고 하더라도 사실 사전에 정해진 매수를 할 뿐 범인과 한패입니다.

• 계속 고가로 매수 주문 내기

고가로 계속 매수 주문을 내서 시세를 인위적으로 상승시키는 방법입니다. 주식을 많이 사다 보면 매수 과정에서 주가가 오를 수 있습니다. 이런 걸 시세 조종이라고 하진 않습니다. 그런데 대량의 물량을 확보한 후 주가를 올리기 위해 반복적으로 고가 주문을 내면 시세 조종 행위로 의심받을 수 있습니다. 주가를 올리려고 주식을 산 건지 주식을 사다 보니 주가가 오른 건지 알 수는 없습니다. 금융감독원에서는 매매 패턴의 정황을 파악해 시세 조종인지 판단합니다. 일반인들도 그런 거래를 하면 증권사에서 '시세 조종으로 의심받을 수 있으니 자제하라'는 전화가 옵니다. 한국거래소 시장감시부는 전산을 통해 시세 조종 의심 매매 패턴에 대해 감시하고 있습니다.

• 물량 소진

물량 소진 방식도 있습니다. 매도 주문이 나오면 그만큼씩 매수 주문을 넣어 주문을 소진시키는 방식입니다. 지속적으로 물량을 소진시키면서 다른 사람의 거래로 주가가 오르게 만들고 오른 주가에 보유 물량을 정리하는 식이죠.

• 허수 주문

매매 체결 가능성이 적은 호가에 대량으로 주문을 내는 방식입니다. 예를 들면 시가보다 약간 낮은 가격에 대규모 매수 주문을 넣을 수 있습니다. 시가보다 낮아서 거래가 체결되지 않지만 매수 주문이 많아서 매수세가 강한 것처럼 비치게 됩니다. 대규모 매수 주문이 체결될 수 있는 수준으로 주가가 내려가면 취소를 합니다.

시세 조종을 활용한 대규모 작전

시세 조종을 활용한 작전을 할 때는 역할 분담이 필요합니다. 일단 '기획자'가 있어야 하고 자금을 대줄 '쩐주'가 있어야 합니다. 일반적으로는 사채업자들이 쩐주 역할을 합니다. 또 시세 조종 주문을 내줄 트레이더가 필요합니다. 최대주주도 미리 섭외하는 것이 좋습니다. 여기에 분위기를 띄워줄 기자나 방송인이 있으면 좋습니다.

일단 장기간에 걸쳐 주식을 매집합니다. 기간을 길게 잡는 이유는 대량 매집을 하면서도 시세가 오르지 않게 해야 하기 때문입니다. 매집이 끝나고 나면 시세 조종 주문을 내면서 주가를 끌어올립니다. 주가가 오르고 거래량이 늘어나면 급등주를 추종하는 개인 투자자들이 접근하기 시작합니다.

이때 기사 등을 통해 주가가 오르는 이유가 보도되면 개인 투자자들은 뭔가 이유가 있어서 주가가 오르는 것으로 믿게 됩니다. 기자들이 뇌물을 받고 작전에 직접 가담하는 경우는 별로 없습니다. 평소 적당히 좋은 관계를 유지하다가 좋은 뉴스가 있는 것처럼 보도자료를 내서 기사가 나가도록 하는 등의 방법을 사용합니다. 주가가 오르고 호재가 발표되면 굳이 시세 조종을 하지 않아도 다른 사람들이 주식을 사서 주가를 올려줍니다. 어느 정도 수준으로 주가가 오르면 대량 매집했던 주식을 팔기 시작합니다.

최대주주를 섭외해야 하는 이유

최대주주와 사전에 합의가 필요한 이유는 최대주주는 주식을 가장 많이 들고 있는 사람이기 때문입니다. 만약 주가가 올랐다고 최대주주가 주식을 팔아버리면 어떻게 될까요? 그대로 작전은 실패입니다. 또 최대주주가 주식을 판다는 정보는 굉장히 큰 악재이기 때문에 다른 투자자들이 다 떠날 수 있습니다. 실제로 정치 테마주가 기승을 부리고 주가가 급등하자 한 상장사의 최대주주가 자기 주식을 전량 팔아버린 일도 있습니다.

멀쩡한 기업의 주가는 내려가더라도 다시 올라갈 수 있습니다. 하지만 작전주는 인위적으로 주가를 끌어올렸기 때문에 한번 폭락하고 나면 다시 주가를 올려줄 매수 세력이 없습니다. 이들은 주로 시가총액이 작고 거래량이 적은 주식을 대상으로 합니다. 시가총액이 크고 거래량이 많으면 주가를 움직일 때 자금이 많이 필요하기 때문입니다. 너무 많이 매집하면 나중에 빠져나올 때 힘듭니다. 최대주주가 경영에 의지가 없는 부실기업을 선택하는 경우도 많습니다. 최대주주의 의지가 강하다면 주가를 함부로 조종할 수 없습니다.

혹하더라도
꼭 피해야 할 부정 거래

미공개 정보 이용을 통한 부정 거래

'미공개 정보 이용'은 회사 내부자가 공개되지 않은 정보를 이용해 매매하는 행위를 말합니다. 미공개 정보 이용에 해당하는 사람은 회사의 주요 임직원은 물론이고 주요 주주와 그들의 대리인도 해당이 됩니다. 인허가와 관련한 경영 사항이 있다면 담당 공무원도 해당이 되고, M&A와 같은 주요 계약과 관련된 회계법인, 법무법인 관계자도 해당됩니다. 또 이들로부터 미공개 정보를 받아 거래한 1차 정보 수령자도 처벌이 됩니다. 1차 정보 수령자로부터 내용을 전해 들은 2차 정보 수령자는 미공개 정보 이용으로 처벌받지 않습니다. 정보의 근원에서 멀어지면 불확실성이 커진다는 이유 때문입니다.

호재를 가지고 수익을 내는 것뿐 아니라 회사의 경영 상태가 나빠질 거란 사실을 먼저 알고 주식을 파는 것도 불법입니다. 2차 정보 수령자는 미공개 정보 이용으로 처벌되지 않지만 시장교란 행위로 처벌을 받을 수 있습니다. 투자자들은 항상 호재가 될 만한 내부 정보를 얻고자 합니다. 하지만 진짜 내부자 정보를 이용해 투자하면 처벌을 받는다는 사실을 잊지 말아야 합니다.

최은영 전 한진해운 회장은 한진해운이 자금난을 이기지 못하고 워크아웃workout*을 신청하기 전에 주식을 팔았다가 실형 선고를

| 워크아웃 | 부도로 쓰러질 위기에 처해 있는 기업 중에서 회생시킬 가치가 있는 기업을 살려내는 작업.

받았습니다. 당시 최은영 회장은 현직이 아니었습니다. 그런데 한진해운에 대한 평가를 진행했던 삼일회계법인 회장이 워크아웃 소식을 전해줬다고 합니다. 악재가 발생하기 전에 주식을 매도하면 당연히 조사를 받을 수밖에 없는 위치였는데, 미공개 정보 이용에 대한 경각심이 없었던 겁니다.

다음과 카카오가 합병했을 때는 합병을 진행한 임직원이 미리 주식을 샀다가 적발되기도 했습니다. 진짜 내부 정보를 정확히 알거나, 정확히 알 수 있는 사람에게 정보를 들었다면 절대 주식 투자를 해서는 안 됩니다.

기업 사냥형 부정 거래

부정 거래는 포괄적입니다. 다양한 방식의 주가 조작 행위가 부정 거래에 해당합니다. 최근 가장 많이 적발되는 부정 거래 방식은 기업 사냥형 부정 거래입니다.

선수들은 실체가 없는 페이퍼컴퍼니나 투자조합을 만듭니다. 그리고 사채업자 등으로부터 돈을 빌려 부실 기업의 주식을 사서 경영권을 장악합니다. 자기 돈은 한 푼도 안 들어가는 거죠. 이후 대규모 자금 조달이나 허위 호재성 자료를 유포해 주가를 부양합니다. 경영권을 장악했기 때문에 SNS 등을 통해 찌라시를 유포하는 수준이 아니라 공식적으로 공시를 하거나 보도자료를 배포해 호재를 발표할 수 있습니다. 그다음 보유 주식을 매도해 차익을 실현하는 식입니다. 이때 직접 보유한 주식을 매도할 경우 공시를 해야 할 수도 있기 때문에 차명계좌로 보유한 주식을 매도하기도 합니다. 아니면 회사 자금을 직접 빼돌리는 일도 있습니다.

2020년 한 해 동안 한국거래소가 적발해 금융당국에 통보한 23건의 부정 거래 중 무려 13건이 기업 사냥형 부정 거래였습니다. 기업 사냥형 부정거래는 기업을 인수하는 방식이기 때문에 미공개 정보 이용, 시세 조종 등이 복합적으로 이뤄집니다. 이들은 기업을 오랫동안 경영할 생각이 없으므로 대놓고 허위로 공시를 합니다. 그래서 대부분 불성실 공시 법인으로 지정이 되는데도 투자자들은 혹하게 됩니다.

SNS 리딩방을 이용한 부정 거래도 다수 있습니다. 차명계좌를 이용해 다수 종목을 먼저 매수하고 본인이 운영하는 SNS에 해당 종목을 추천하는 글을 올려 매수세를 유인합니다. 보유 주식 매도로 이익을 실현합니다.

매력적이지만 거부해야 하는 작전주

작전주가 매력적인 이유는 명백하게 주가를 부양하고자 하는 세력이 있기 때문입니다. 매수 세력이 있고 진짜든 아니든 호재성 정보를 꾸준하게 시장에 설파합니다. 작전이 성공한다면 한번쯤은 주가가 오른다는 거죠.

경영권 변경이 잦고 대규모 증자가 이뤄지는 부실기업은 투자하지 않는 것이 좋습니다. 작전세력은 어떻게든 주가를 부양하려고 다양한 호재를 시장에 설파하고, 단기간에 주가가 급등하기도 합니다. 여기에 따라붙지 않은 것을 후회하게 될 수도 있죠. 하지만 그런 주식은 따라붙어도 수익을 내기가 쉽지 않습니다. 또 한두 번은 운 좋게 수익을 낼 수 있을지 몰라도 작전세력의 매매 시점보다 먼저 움직이기 쉽지 않습니다. 다른 좋은 주식이 많은데 굳이 사기꾼이 좌지우지하는 주식에 투자할 필요가 없습니다.

청개구리 투자 방식, 공매도 투자

주가가 하락하면 이익을 보는 청개구리 투자

돈을 빌려서 주식을 매수하는 방식이 신용매수라면, 주식을 빌려서 주식을 매도하는 방식은 무엇일까요? 바로, 신용매도입니다. 이를 공매도라고 하죠. 그렇다면 왜 주식을 빌려서 매도할까요? 바로 주가가 하락할 때 수익을 내기 위해서입니다.

만약 주가가 8만 원인 A 기업이 있다고 합시다. 10주를 빌려서 팔면 현금 80만 원을 갖게 됩니다. 그리고 일주일 후 A 기업의 주가가 하락해 6만 원이 됐습니다. 60만 원을 주고 10주를 삽니다. 나는 주식 10주를 빌렸으니 10주만 갚으면 됩니다. 현금은 80만 원을 가지고 있다가 60만 원은 주식을 사는 데 썼으니 20만 원은 수익이 됩니다.

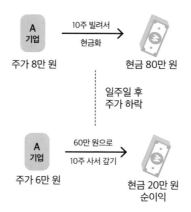

반대로 주가가 상승해 10만 원이 되면 10주를 사는 데 100만 원이 필요합니다. 8만 원에 10주를 팔아 갖게 된 80만 원 외에 추가로 20만 원이 더 필요하다는 거죠. 20만 원만큼 손해를 본 겁니다. 공매도는 주가가 하락하면 이익을 보고 주가가 상승하면 손실을 보는 청개구리 투자 방식입니다.

그 주식은 누가 빌려주는 거예요?

신용매도, 차입매도는 원래 주식이 없었는데 빌려서 팔았다고 해서 공空매도라고 합니다. 대부분 사람은 주가가 오를 때 돈을 벌지만, 공매도를 하면 주가가 하락할 때 수익을 냅니다. 남들이 울 때 돈을 벌기 때문에 공매도 투자자는 비난의 대상이 됩니다. 사실 주가를 전망하고 투자를 한다는 측면에서 매수 투자자나 매도 투자자는 차이가 없습니다. 상승할 것을 전망했느냐 하락할 것을 전망했느냐의 차이일 뿐입니다. 그런데도 공매도 투자자들은 주가 하락을 부추기는 경향이 있어 비난의 대상이 됩니다.

개인 투자자들이 공매도 투자를 하려면 대주 서비스를 이용하면 됩니다. 대주란 주식을 빌려준다는 의미인데요. HTS를 보면 대주 주문을 낼 수 있는 메뉴가 있고, 메뉴로 들어가면 대주를 할 수 있는 주식의 종류와 규모가 나옵니다. 주식은 증권금융이라는 기관에서 빌려줍니다. 우리가 주식을 사기 위해 계좌에 넣어둔 예탁금이 있는 곳이죠. 우리가 낸 예탁금은 계좌에 찍히지만, 사실 그 돈은 증권사에 있는 게 아니라 증권금융에 있습니다. 증권사가 망해도 고객이 맡긴 예탁금에 손실이 가지 않도록 하기 위해섭니다.

증권금융은 투자자들에게 주식을 담보로 돈을 빌려줍니다. 이때 담보로 잡은 주식을 공매도 투자를 하려는 사람에게 빌려주는 겁니다. 우리가 대주 주문을 할 때 빌리는 주식은 증권금융에서 빌려주는 것이고, 이 주식은 누군가가 주식 담보 대출을 받기 위해 담보로 맡긴 주식입니다. 돈을 빌리면 이자를 내듯이 주식을 빌릴 때도 이자를 내야 합니다. 이자는 7~9%이고 대주 기간은 최대 3개월입니다. 빌릴 수 있는 기한이 3개월로 정해져 있어서 개인 투자자들은 대주를 통한 공매도 투자를 장기간 할 수 없습니다.

대차 거래는 기울어진 운동장?

'대차'라는 방식으로 공매도 투자를 할 수도 있습니다. 대차는 기관 투자자들끼리 서로 보유한 주식을 빌려주는 거래입니다. 신용도가 높은 기관 투자자들끼리 거래를 해서 이자율이 낮고 상환 기간이 정해져 있지 않습니다. 그 대신에 주식을 빌려준 기관 투자자가 주식을 돌려달라고 하면 즉시 돌려줘야 합니다. 대주 거래와 가장 다른 점입니다.

대주는 증권금융에 담보로 맡긴 주식만을 빌려주기 때문에 물량이 많지 않습니다. 대차는 기관 투자자들이 보유한 매우 큰 규모의 주식을 빌릴 수 있어서 물량이 많습니다. 그러다 보니 외국인을 포함한 기관 투자자들이 공매도 투자를 하기가 더 수월합니다. 공매도 거래의 99%는 외국인 투자자와 기관 투자자들이 하고 있습니다. 개인 투자자들은 외국인, 기관들만 공매도를 많이 할 수 있다고 해서 '기울어진 운동장'이라고 비판하기도 합니다.

공매도 투자의 손실은 무한대

공매도 투자는 구조적으로 매수 투자보다 어렵습니다. 일단 손실의 한도가 없습니다. 주식을 매수하면 아무리 크게 손해를 보더라도, 만약 상장이 폐지되더라도 100%로 손실이 제한됩니다. 그러나 공매도는 주가가 상승한 만큼 손실을 봅니다. 주가 상승은 이론적으로 무한대이기 때문에 상승하는 만큼 무한대로 손실을 봅니다. 주가가 1000% 상승할 때 공매도 투자를 한 사람이 있다면 -1000% 손실이 납니다. 주가가 얼마가 되든 주식을 빌린 수량만큼 사서 갚아야 하기 때문입니다.

최근 미국에서는 게임스탑이라는 회사 주식을 두고 공매도 세력과 개인 투자자들이 치열하게 다툰 일이 있었습니다. 공매도 세력은 게임스탑의 주가가 너무 높다고 판단해 공매도 투자를 했습니다. 개인 투자자들은 공매도 규모가 과도하다고 생각해 다 같이 달려들어 게임스탑 주식을 매수했습니다. 여러 사람이 주식을 사다 보니 20달러였던 게임스탑의 주가는 무려 350달러까지 올랐습니다. 1650%가 오른 거죠. 계속 포지션을 유지하고 있었다면 공매도 세력은 1650% 손실이 발생한 셈입니다. 공매도를 했던 헤지펀드는 중간에 정리했지만 8조 원 규모의 손실을 봤습니다.

한국에서도 유명한 공매도 사건이 있습니다. 2000년 우풍상호신용금고라는 금융회사가 성도이엔지 주식에 공매도 투자를 했습니다. 이 소식이 알려지자 개인 투자자들은 성도이엔지 주식을 마구 사들여 상한가로 올려버렸습니다. 주가는 계속 오르고 매도 물량이 사라지자 우풍상호신용금고는 주식을 구할 방법이 없었습니다. 돈을 빌려서 투자를 했다가 만기가 되면 다른 곳에서 빌려서라도 갚을 수 있지만 주식은 돈에 비해 구할 수 있는 곳이 제한적입니다. 그리고 공매도를 했다가 주식을 못 구하고 있다는 것을 모두 알기 때문에 아무도 주식을 빌려주지도 팔아주지도 않습니다. 주식을 빌려서 공매도를 했다가 주식을 갚지 못하면 부도가 납니다. 우풍상호신용금고는 결국 주식을 구하지 못했습니다. 우풍상호신용금고가 엄청난 손실을 봤다는 소문이 나자 신용금고에 돈을 맡긴 예금자들은 앞다투어 돈을 찾아갔고, 결국 문을 닫았습니다.

공매도 투자가 주가 하락을 부추긴다

공매도 투자가 부정적으로 인식되는 이유는 주가 하락을 부추긴다는 점 때문입니다. 그래서 일반 매도 거래와 공매도 거래에는 주문 가격을 제시하는 데 있어 차이가 납니다. 일반 매도 거래는 내가 팔고 싶은 가격에 얼마든지 주문을 낼 수 있습니다. 현재 거래되는 가격이 1만 원이라고 할 때 5000원에도 매도 가격을 낼 수 있습니다. 5000원에 대량으로 매도 주문을 내면 현재 시가부터 쌓인 매수 주문을 하나하나 체결하면서 주식 거래가 이뤄집니다. 공매도 주문은 시가 이하로 주문을 낼 수 없습니다. 현재 시가가 1만 원일 때 5000원에 주문을 낼 수 없다는 거죠. 공매도는 주가가 하락할 때 이익을 보는 투자 방식이기 때문에 직접 주가를 하락시키지 못하게 하려고 제한을 뒀습니다. 이를 '업틱룰up-tick rule'이라고 합니다.

공매도 투자가 많이 이뤄진 주식은 단기에 하락할 것이라고 전망하는 투자자가 많습니다. 특정 기업의 주가가 과도하게 올랐다고 판단되면 공매도 투자자들은 공매도를 합니다. 셀트리온, 테슬라 등은 공매도 투자가 많았던 기업으로 유명합니다. 이 기업들은 실적에 비해 성장에 대한 기대감이 높아 주가가 높게 형성되었기 때문이죠. CEO들은 공매도 투자자들에 대해 공개적으로 불만을 토로하기도 했습니다.

어느 주식에 공매도가 많이 이뤄졌는지는 공매도 종합포털사이트(https://short.krx.co.kr)를 통해 확인할 수 있습니다. 혹시 내가 보유한 주식에 공매도 투자가 늘어나고 있다면 혹시 내가 놓치고 있는 악재가 있는지 돌아볼 필요가 있습니다.

 돈 버는 알짜 지식

공매도 투자자가 철수할 때, 주식을 사야 한다!

공매도 투자자들이 공매도 투자를 그만하려면 주식을 사서 원래 주식을 빌려준 사람에게 갚아야 합니다. 돈을 빌려서 주식을 사는 차입 매수를 했다가 그만하려면 주식을 팔아 돈을 갚아야 하듯, 주식을 빌려서 파는 공매도를 그만하려면 현금을 이용해 주식을 갚아야 합니다. 공매도 투자는 최종적으로 매수를 해야 마무리가 됩니다. 공매도 포지션 정리를 위해 매수하는 것을 '숏커버링'이라고 합니다. 공매도 투자를 했다가 주가가 급등하면 손실을 보는데, 추가 손실을 막기 위해 숏커버링을 하면 주가가 더 오를 수도 있습니다. 실제로 셀트리온, 테슬라 주가가 오르자 공매도 투자자들이 포지션을 정리하며 주식을 매수했고, 주가가 더 급등하는 모습을 보였습니다.

• 8장을 마치며 •

이번 장에서는 작전세력이 어떤 방법으로 시세 조종을 하는지, 우리가 혹할 수 있는 부정 거래의 종류들은 무엇이 있는지 알아보았습니다. 주가 하락을 부추기는 공매도 투자자들의 투자 방식에 대해서도 알려드렸습니다. 이들의 투자 전략을 살펴본 것만으로도 시장에 대한 이해도가 높아졌을 겁니다. 다음 장에서 우리는 금리와 환율이 주식 투자에 어떤 영향을 미치는지, 주식시장을 움직이는 테마주와 주도주는 무엇인지 알아보도록 합시다.

BEST 9

알아두면 돈이 되는 주식시장의 이모저모

경제의 체온계, 금리

금리는 경제의 체온계

은행에 예금이나 적금을 들면 이자를 줍니다. 반대로 우리가 대출을 받으면 이자를 내야 하죠. 금리는 원금에 대한 이자율을 의미합니다. 예전에 예금금리가 10%가 넘을 때도 있었습니다. 은행이 그렇게 높은 이자를 줄 수 있었던 것은 대출해줄 때 더 높은 이자를 받고 있었기 때문입니다. 그리고 여기서 유추해볼 수 있는 것은 10%가 넘는 이자를 내고도 대출을 받아 사업을 했다는 겁니다. 그만큼 사업 전망이 밝았다는 거겠죠. 따라서 고도성장을 하는 국가는 금리가 높습니다. 그래서 금리를 경제의 체온계라고 부르죠.

금리는 자산시장에도 영향을 미칩니다. 금리가 낮으면 더 많은 사람이 돈을 빌려 투자합니다. 주택담보대출 금리가 낮으면 더 많은 사람이 돈을 빌려 집을 매수하기 때문에 집값이 올라가는 것과 마찬가지입니다. 따라서 금리가 낮으면 주가는 올라가고, 금리가 높으면 주가는 내려갑니다.

경기	금리	주가
좋음	⇧	⇩
나쁨	⇩	⇧

금리 역시 다른 상품과 마찬가지로 돈을 쓰겠다는 사람이 많으면 가격이 올라가고, 돈을 쓰겠다는 사람이 없으면 가격이 내려갑니다. 경기가 좋으면 새로운 사업을 하려는 사람, 즉 돈을 쓰겠다는 사람이 많아집니다. 그런 사람에게 돈을 빌려줄 때 돈의 가격, 금리도 올라갑니다. 경기가 안 좋으면 신규 투자를 하겠다는 사람이 줄고, 돈을 빌리겠다는 사람이 없으니 돈의 가격, 금리도 내려갑니다.

금리의 종류와 한국은행의 역할

금리는 종류가 매우 다양합니다. 사람들이 은행을 이용할 때 쓰는 대출금리, 예금금리도 있고 국고채, 회사채, 콜금리 등 수많은 종류의 금리가 있습니다. 이름은 달라도 모두 돈을 빌릴 때 지급하는 금리입니다. 국고채 금리는 나라가 돈을 빌릴 때의 금리입니다. 나라는 돈을 떼어먹을 가능성이 작으므로 돈을 빌려주려는 사람이 많습니다. 그만큼 금리가 낮습니다. 신용이 불량한 사람은 돈을 떼어먹을 가능성이 크기 때문에 돈을 빌려주려는 사람이 별로 없습니다. 그만큼 금리가 높습니다.

금리는 기준금리와 가산금리로 구분됩니다. 기준금리는 돈을 발행하는 한국은행이 정하는 금리입니다. 언제든 위험 없이 빌릴 수 있는 돈의 원가라고 할 수 있습니다. 기준금리가 올라가면 대출금리, 예금금리를 비롯해 국고채, 회사채 등 대부분 금리가 올라갑니다.

가산금리는 돈을 빌리는 기업이나 개인의 신용도, 은행의 마진 등을 고려한 금리입니다. 담보의 유무, 신용등급 등도 금리에 영향을 미칩니다. 물건을 만들어서 팔 때 필요한 재료의 원가에 적정한 이익을 붙여서 가격을 결정하듯이 금리도 마찬가지로 원가에 마진을 붙여서 결정합니다.

한국은행은 경기가 너무 뜨겁지도 너무 차갑지도 않도록 기준금리를 조절합니다. 경기가 너무 뜨거우면 금리를 높여서 시중 유동성을 줄이고 경기가 너무 차가우면 금리를 낮춰서 시중 유동성을 늘립니다. 저금리 기조가 이어지고 있다는 것은 그만큼 경기가 안 좋다는 의미겠죠. 경기가 안 좋을 때 금리를 낮추면 사람들은 좀 더 쉽게 돈을 빌릴 수 있습니다. 그 돈으로 물건을 사면 기업의 매출이 늘어나고 이익이 늘어나면 직원들에게 더 많은 월급을 줄 수 있습니다. 월급을 많이 받은 직원들이 소비를 늘리면 다시 기업 매출이 늘어나는 선순환을 할 수가 있습니다.

경기가 살아났는데 금리가 너무 낮으면 경기가 과열될 수 있습니다. 시중에 돈이 많아서 물건을 사려는 사람이 많아지면 물가가 올라갑니다. 경기가 좋으면 돈을 빌려서 새로운 사업을 하려는 사람도 많아지겠죠. 금리가 낮으면 너도나도 돈을 빌려서 투자를 해서 버블이 나타날 수 있습니다. 한국은행은 경기가 회복되면 과열이 되지 않도록 금리를 올립니다.

금리의 양면성

주식 투자를 할 때 금리는 올라가는 것이 좋을까요? 내려가는 게 좋을까요? 굉장히 헷갈립니다. 금리는 양면성이 있습니다. 금리가 내려간다는 것은 그만큼 경기가 안 좋다는 의미이고, 내가 투자한 기업의 수익성도 악화된다는 의미입니다. 그런데 금리가 낮으니 돈을 빌려서 주식 투자를 하기는 쉬워지고 시중 유동성은 풍부해집니다. 금리가 올라가면 그만큼 돈을 빌려서 주식 투자를 하기는 어려워지고 시중 유동성은 줄어듭니다. 그러나 경기가 좋아진다는 의미이기 때문에 내가 투자한 기업의 수익성도 개선이 됩니다.

저금리 환경은 시중 유동성을 풍부하게 해준다는 장점이 있지만, 경제 성장률이 낮다는 단점이 있습니다. 고금리 환경은 경제 성장률이 높다는 장점이 있지만, 시중 유동성이 적다는 단점이 있습니다. 그래서 금리는 투자자들을 매우 혼란스럽게 합니다. 마치 귀에 걸면 귀걸이 코에 걸면 코걸이처럼 느껴지기도 합니다.

2008년 글로벌 금융위기를 극복하기 위해 전 세계 중앙은행이 막대한 자금을 풀 때 주식시장에는 '좋아서 좋고 나빠서 좋다'라는 말이 나왔습니다. 경제 지표가 개선되면 기업 실적이 개선될 테니 주가에 좋고, 경제 지표가 악화되면 중앙은행이 추가적인 부양책을 낼 테니 주가에 좋다는 뜻입니다. 사실 반대로 '좋아서 나쁘고 나빠서 나쁘다'라고 해석할 수도 있습니다. 경기가 좋으면 중앙은행이 금리를 올릴 테니 나쁘고, 경기가 나쁘면 기업 실적이 안 좋을 테니 나쁠 수 있죠.

금리가 오르고 내리는 '이유'를 알아야 한다

금리가 오르고 내리는 이유는 다양합니다. 한국은행은 금리를 결정하고 나면 그렇게 결정한 사유에 관해 설명합니다. 한국은행 총재의 말 한마디 한마디에 금융시장이 출렁일 정도로 중요한 발표입니다. 금리는 '왜' 오르고 '왜' 내리는지가 중요합니다. 경기가 좋아지고 기업 실적이 개선되어 더 많은 사람이 사업을 하려고 돈을 빌리다 보니 금리가 올랐다면 호재입니다. 경기가 회복되고 기업 실적이 개선되면서 금리가 오르는 것 역시 호재입니다.

그렇다면 악재인 상황은 어떤 것이 있을까요? 대표적으로 경기 회복은 안 되는데 돈이 너무 많이 풀려서 자산 가격만 올라 금리가 오르는 상황, 경기가 안 좋아서 정부가 마구마구 재정을 쓰고 이를 충당하기 위해 채권을 많이 발행해서 금리가 오르는 상황입니다. 최근 미국이 2500조 원 규모의 슈퍼 부양책을 발표하자 과도한 국채 발행을 우려하며 시장금리가 상승하는 모습을 보였습니다. 그러자 주가는 폭락했죠. 또한, 같은 금리 상승이라고 하더라도 경기가 안 좋아서 풀린 자금이 실물에 공급되지 않고 자산 가격만 올리면서 금리가 오르면 주식시장에는 악재입니다.

유동성 장세에서 실적 장세로

'유동성 장세', '실적 장세'라는 말이 있습니다. 유동성 장세는 돈의 힘으로 오르는 장세입니다. 경기가 안 좋아서 금리를 낮추면 시중 유동성이 풍부해집니다. 기업 실적 기대치는 낮은데 시중에 돈이 많으니 자산 가격이 올라갑니다. 대표적으로 2020년 코로나19로 경기 전망이 매우 불투명해지자 한국은행은 기준금리를 대폭 낮췄습니다. 수많은 개인 투자자가 주식 투자를 시작했고, 대출을 받아 투자하는 사람도 늘었습니다.

즉, 경기 전망은 불투명하지만 유동성을 타고 올라가는 장세를 유동성 장세라고 합니다. 유동성 장세는 영원할 수 없습니다. 실적에 비해 주가가 너무 높은 상태가 지속되면 투자자들은 점차 증시를 떠나기 시작합니다. 유동성 장세 이후에도 상승을 이어가기 위해서는 기업들의 실적이 실질적으로 개선되는 모습을 보여줘야 합니다. 코로나19 여파는 예상보다 빠르게 진정되는 모양새입니다. 철강, 석유화학 등 경기 민감주들은 각국 정부의 인프라 투자에 힘입어 반등하고 있고, 해운사는 선박이 없어서 운송을 못 할 지경입니다. 사회적 거리두기로 여행을 가지 못하는 소비자들은 TV, 노트북 등 가전제품에 돈을 썼고 차도 바꿨습니다. 기업들은 사상 최대 실적을 경신하고 있습니다.

경기 회복 초기에는 유동성이 경기를 지탱하고, 실질적인 개선 효과가 나타나면 실적 개선도 이뤄집니다. 코스피는 코로나19로 2000선에서 1400대까지 떨어졌지만 유동성 장세와 실적 장세를 거치면서 3300선까지 치솟았습니다. 유동성 장세에서 실적 장세로 전환이 되는 과정에서 금리 인상에 대한 불안감은 항상 있습니다. 금리가 오르면 유동성이 흡수돼 증시에 유입되는 자금이 줄어들까 봐 우려하는 목소리가 나옵니다. 하지만 경기 회복 이후 유동성을 흡수하는 과정은 오히려 경기에 대한 자신감이 있을 때 나오는 모습입니다. 이럴 때일수록 정말 돈을 잘 버는 기업들을 선별한다면 경기 회복과 기업 수익성 개선의 수혜를 한껏 입을 수 있습니다.

나라의 경쟁력, 환율

환율과 원화 가치의 관계

환율은 국가별 화폐의 상대적인 가치입니다. 가장 많이 쓰는 환율은 원·달러 환율입니다. 별다른 설명 없이 환율이 올랐다, 내렸다고 표현할 때는 원·달러 환율을 말합니다. 원·달러 환율이란 1달러가 한국 원화로 얼마인지를 의미합니다. 환율이 1100원이라고 하면 1달러가 1100원이라는 의미입니다. 환율이 상승했다고 하면 1달러가 1000원에서 1100원이 됐다는 의미이고, 환율이 하락했다고 하면 1100원에서 1000원이 됐다는 의미입니다.

환율을 이야기할 때 가장 헷갈리는 것이 환율과 원화의 상관관계입니다. 기본적으로 환율이 상승하면 원화 가치가 하락합니다. 예를 들어, 이전에는 1000원으로 1달러를 살 수 있었는데 환율이 상승하면 1100원을 내야 1달러를 살 수 있으니 원화의 가치가 하락한 거죠. 따라서 환율 상승은 원화 절하, 원화 약세 등으로 표현합니다.

달러 유입과 환율의 관계

환율은 기본적으로는 국가의 체력을 보여줍니다. 한국에서 만든 물건이 해외에서 많이 팔리면 달러가 국내로 유입됩니다. 또한 많은 외국인이 한국에 놀러 오거나, 외국인 투자자들이 한국 주식을 사도 달러가 국내로 유입되죠. 달러 유입이 많아지면 달러 가치는 하락하고, 원화 가치는 올라갑니다. 그리고 환율은 하락합니다. 그와 반대로 한국 경제가 좋지 않으면 외국인들이 한국 주식을 팔고 떠납니다. 달러가 유출되면 달러가 부족하니 달러의 가치는 올라고, 원화의 가치는 하락하며 환율은 오릅니다.

달러	원화 가치	환율
유입	⇧	⇩
유출	⇩	⇧

1997년 외환위기 때 한국 경제가 휘청이자 원화 가치는 폭락했습니다. 환율로 표현하면 엄청난 환율 상승이 일어났습니다. 900원대

였던 환율이 거의 2000원까지 치솟았죠. 당시 온 국민이 금 모으기 운동을 했습니다. 외국인들이 한국 금을 사면 달러가 국내로 유입되고 환율이 하락하기 때문이죠.

환율의 변동은 경제 정상화에 도움이 됩니다. 환율이 상승하면 예전에는 2000원짜리 물건이 2달러였다가 1달러로 떨어집니다. 외국인 입장에서는 한국 물건을 싸게 살 수 있게 되죠. 같은 품질인데 가격이 싸니 외국인들은 한국 물건을 선호하게 됩니다. 한국 물건이 잘 팔리면 달러가 국내로 유입되고 환율이 정상화가 됩니다.

금리와 환율의 관계

금리도 환율에 영향을 미칩니다. 베트남은 1년 정기예금 금리가 14%나 됩니다. 한국은 은행에 예금해도 1%도 안 되는 이자를 주는데, 베트남은 14%나 준다는 거죠. 그러면 국내 은행에 예금하는 것보다 베트남 은행에 예금하고 싶은 사람이 많아질 겁니다. 한국 금리가 2%이고 미국 금리가 1%라면 미국 사람들이 달러를 들고 한국으로 올 겁니다. 달러가 많이 유입되면 환율이 하락하겠죠.

금리는 통화 정책에 영향을 받습니다. 여기에는 딜레마가 있습니다. 경제가 안 좋으면 한국은행은 금리를 내려서 경기를 부양하려고 합니다. 그런데 금리가 낮아지면 외국인 투자자들이 더 높은 금리를 찾아 떠날 수 있습니다. 달러가 유출되면 달러 강세, 환율 상승으로 이어질 수 있습니다.

2017년 미국 경기가 회복되자 미국 연방준비제도 이사회는 금리를 올렸습니다. 국내에서는 위기설이 파다했습니다. 일반적으로 한국 금리는 미국보다 높습니다. 미국이 자꾸 금리를 올려서 금리가 역전이 되면 달러가 유출될 테고, 한국은 강제로 금리를 올릴 수밖에 없을 거라는 우려가 커졌습니다. 안 그래도 사람들이 집을 사기 위해 가계부채가 엄청 많은 상황이었습니다. 금리를 올리면 가계부채를 못 갚는 사람이 속출하고 경제가 붕괴할 거라는 위기설이었습니다. 가계부채로 인한 금융위기는 언론의 단골 메뉴입니다. 그럴듯하게 보이는 논리지만 실제로 한국과 미국의 금리 역전이 일어났을 때 경제 위기는 발생하지 않았습니다.

이 부분이 원·달러 환율의 특징입니다. 미국이 금리를 올려서 한국과 금리 역전이 발생하면 달러가 유출돼 달러 강세가 될 것 같지만 오히려 원화 강세, 환율 하락이 나타났습니다. 미국이 금리를 올린다는 것은 미국 경기가 좋다는 의미입니다. 한국 기업들은 미국에 더 많은 상품을 팔 수 있습니다. 그러면 수출 대금 달러가 국내로 유입되고 원화 강세 환율 하락이 나타나게 된 겁니다. 단순히 금리만 가지고 환율을 설명할 수 없다는 거죠. 물가도 환율에 영향을 미칩니다. 물가가 상승한다는 것은 돈의 가치가 하락한다는 의미입니다. 국내 물가가 높아서 원화 가치가 하락하면 원화 약세가 나타나죠. 이처럼 환율에는 다양한 요인이 작용합니다.

주식 투자와 환율의 관계

우리가 주식 투자를 할 때 환율은 높은 게 좋을까요? 아니면 낮은 게 좋을까요? 수출 기업들은 환율이 높은 편이 유리합니다. 조선업을 예로 들어보겠습니다. 1000만 달러짜리 선박을 수주했습니다. 환율이 1000원이면 매출이 100억 원으로 잡힙니다. 그런데 1100원이면 매출이 110억 원이 됩니다. 그렇기 때문에 환율이 높으면 수출 기업에 유리한 거죠. 환율이 높아지면 매출이 늘어나는 효과가 있습니다.

2008년 이명박 정부는 고환율 정책을 폈습니다. 수출 기업의 교역 환경을 개선해주기 위해섭니다. 그러나 수출에 유리하다는 것은 반대로 수입에 불리하다는 의미입니다. 환율이 높으면 물건을 비싸게 수입해오니 국내 물가가 올라갈 수 있습니다. 국민은 물가가 올라서 힘든데 수출 기업을 지원하기 위해 고환율 정책을 펴는 게 옳으냐를 두고 논쟁이 있었죠. 어쨌든 대부분 국가는 자국 기업의 수출을 지원하기 위해 고환율을 선호합니다.

환율은 상대적인 개념입니다. 원·달러 환율에서 원화가 약세가 되면 달러는 강세가 되죠. 모든 국가가 자국 통화를 약세로 만들기 위해 정책을 편다면 난장판이 되겠죠. 서로 자기 환율을 낮추려는 시도를 '환율 전쟁'이라고 부릅니다. 미국과 중국이 화폐 가치를 두고 공공연하게 논쟁을 벌입니다. 미국은 핵심 교역대상국의 환율 정책을 보고 '환율 조작국'을 지정합니다. 자국 기업들의 수출을 지원하기 위해 인위적으로 환율을 높이려는 국가를 견제하기 위해섭니다.

한국은 수출 중심 국가입니다. 우리 기업들은 원자재를 수입해 부가가치를 더해 중간재, 자본재로 수출하기 때문에 상품수지는 대부분 흑자입니다. 달러가 계속 유입이 되고 많아지면 달러가 약해지고 원화가 강해집니다. 그렇기 때문에 구조적인 환율 하락 압력이 있습니다. 원화 강세가 이어지면 국내 기업의 수출 여건이 악화됩니다. 그래서 달러가 들어오는 만큼 적절히 내보낼 수 있어야 합니다. 달러를 유출할 좋은 수단은 자본 투자입니다. 해외 투자를 많이 하면 달러가 유출되기 때문에 환율 상승을 유도할 수 있습니다. 수출 대금으로 들어온 달러를 자본 투자로 내보내며 균형을 잡는 거죠.

또 기업들은 환율이 지나치게 기업 실적에 영향을 미치지 않도록 하는 다양한 장치들을 두고 있습니다. 이왕이면 고환율인 편이 기업 경영에 유리할 수 있지만, 환율이 매출에 너무 많은 영향을 미치는 것은 누구도 바라지 않습니다. 예측하기가 어렵기 때문이죠. 기업들이 가장 선호하는 것은 환율 변동성을 대비해둔 수준에서 벗어나지 않는 상황입니다.

외국인 투자자 입장에서 환율

외국인 투자자 입장에서 환율도 살펴보죠. 외국인 투자자가 달러를 들고 한국 주식에 투자하려면 원화로 환전을 합니다. 10달러로 1만 원짜리 주식을 샀습니다. 주가가 10% 올라서 1만 1000원이 됐습니다. 그래서 팔고 나가려고 하는데 환율이 10%가 올라 1100원이 됐습니다. 1만 1000원에 주식을 팔아서 달러로 바꾸려고 보니 주가는 분명 올랐는데 손에 쥔 돈은 처음 들고 들어왔던 10달러밖에 안 됩니다.

환율이 상승하면 한국 시장에 투자해서 수익을 내더라도 달러 기준으로 수익이 안 나기 때문에 외국인 투자자 입장에서는 매력이 없습니다. 환율 상승이 예상되면 외국인들의 주식 투자는 줄어듭니다. 또 이미 주식을 투자한 외국인들도 주가가 올라봐야 환율이 상승하면 수익률이 낮아지기 때문에 주식을 팔고 떠나게 됩니다. 환율 상승은 외국인 주식 매도, 주가 하락으로 이어질 수 있습니다. 반대로 환율 하락이 예상되면 주가 상승과 환차익을 기대하는 외국인 주식 투자가 이어지고 주가가 상승할 수 있습니다. 외국인 투자자 입장에서는 환율이 하락하는 것이 유리하다는 거죠.

환율	외국인 투자	주가
⇧	⇩	⇩
⇩	⇧	⇧

환율이 기업 실적에 미치는 영향, 주식 투자에 미치는 영향은 굉장히 복잡합니다. 이론은 둘째치고 실제로 어떻게 움직였는지를 살펴보면 좋을 것 같습니다. 최근 20여 년간의 자료를 보면 주가와 환율은 대체로 반대로 움직였습니다. 환율이 오르면 주가가 내려가고, 환

| 경상수지 | 외국과 물건(재화)이나 서비스(용역) 등을 팔고 산 결과를 종합한 것.

| 자본수지 | 외국인의 국내 주식·채권 매입, 우리나라 기업의 해외 직접 투자, 외상 수출입에 따른 자본의 유출입 차를 나타내는 항목.

율이 내려가면 주가가 올랐다는 거죠. 결과만 보고 단순히 생각해보면 주가에는 환율이 기업 실적에 미친 영향보다 외국인 투자에 미친 영향이 더 많이 반영됐다고 볼 수 있을 것 같습니다.

경상수지 흑자와 자본수지 적자가 상쇄되면 외국인 투자자가 한국 주식을 많이 살 것이고, 달러가 유입되며 환율이 내려갑니다. 외국인 투자자는 주가 상승과 환율 하락의 혜택을 볼 수 있습니다. 국내 투자자는 주가 상승을 누릴 수 있습니다.

속는 줄 알면서 몰리는 테마주

투자자들이 임의로 묶은 주식, 테마주

테마주는 특정한 주제로 묶은 주식들입니다. 전기전자, 운수업, 금융업 등의 공식적인 업종 분류와 달리 뉴스 흐름과 주가 움직임에 따라 투자자들이 임의로 분류한 주식들입니다. 테마주 자체의 의미는 가치중립적이지만 일반적으로는 '묻지마 투자'로 인식이 되고 있습니다. 기초가 부실한데 뉴스에 따라 주가가 급등락하는 기업들을 테마주로 분류하는 경향이 있습니다. 일반적으로는 같은 업종의 주식들이 비슷한 주가 흐름을 보입니다. 자동차가 많이 팔리면 자동차 부품도 많이 팔리는 식이죠. 하지만 테마주는 실제 사업과는 관련이 없는 경우가 대부분입니다.

테마주라고 불리는 주식들은 대부분 말이 안 되는 회사들이 묶여 있습니다. 예를 들어 코로나19 테마주에는 실제로 진단키트를 개발해 매출이 급증한 기업들도 속해 있지만, 개발하겠다는 계획만 발표하고 관련 제품을 만들 가능성이 희박한 기업들도 많이 포함돼 있습니다. 실제로 수혜를 입게 되는 종목은 많지 않기 때문에 옥석을 잘 가려야 합니다.

정책 따라, 뉴스 따라 만들어지는 테마

16대 대선 행정수도 정책이 화두로 떠오르자 행정수도 테마주가 주목받았습니다. 세종시 부근에 땅이나 공장 등이 있는 회사들이 거론됐습니다. 17대 대선에는 대운하 사업을 추진할 건설사들이 대운하 테마주로 거론됐고, 녹색성장 테마주도 폭등했습니다. 신종인플루엔자가 유행하면 손소독제 테마주가 주목받았고, AI가 유행하면 가축용 백신을 다루는 AI 테마주가 떠올랐습니다.

일부 기업들은 주가 부양을 위해 자기 회사가 테마주에 얽힐 수 있도록 사업 목적을 바꾸기도 합니다. 파루라는 회사는 녹색성장이 떠오를 때는 태양광 업체로, 신종인플루엔자가 유행하면 손 소독제 업체로 테마를 바꿔가며 투자자들을 유혹했습니다.

정책 테마주도 꾸준히 만들어집니다. 3D프린팅, 전기차, 최근에는 한국판 뉴딜 테마주까지 정책 테마주는 꾸준히 이어지고 있습니다. 제가 취재하며 만난 테마주 전문 투자자는 매주 발표되는 정부 부처의 주간 보도계획을 입수해 투자에 활용하더군요. 정부에서 뭔가를 발표하면 주가가 움직일 거로 생각하고 정부 발표 전에 매수했다가 주가가 오르면 파는 방식의 투자였습니다.

나로호 테마주의 네버엔딩 스토리

예전에 '나로호 테마주'를 취재한 적이 있습니다. 나로호는 10kg급 인공위성을 지구 저궤도에 진입시킨 대한민국 최초의 우주 발사체입니다. 2009년 나로호가 1차 발사 시도를 할 때 기대감이 매우 컸습니다. 정부가 인공위성에 1조 8000억 원, 우주 발사체에 1조 6000억 원을 투자할 계획이라며, 진행 상황에 따라 관련 회사들의 실적이 급증할 수 있다는 이야기가 나왔습니다. 그러면서 쎄트렉아이, 비츠로테크, AP시스템 등의 주가가 급등했습니다. 그러나 나로호 발사는 다양한 이유로 7번이나 발사가 연기됐습니다. 나로호가 발사를 시도한다고 하면 주가가 올랐다가 연기가 되면 급락하는 일이 반복됐습니다.

그런데 실제로 나로호 발사가 해당 기업들과 관련이 있을까요? 나로호 테마주로 분류되는 기업들에 일일이 전화를 걸어 나로호와 어떤 관련이 있는지 물어봤습니다. 그러나 모두 나로호가 발사 성공한다고 해서 자기 회사와 상관없다고 답했습니다. 관련 있는 업체도 작은 부품 몇 가지를 납품할 뿐이었습니다.

나로호는 결국 1, 2차 시도에서 실패했고 2013년 3차 시도에서 성공했습니다. 그러나 나로호가 발사에 실패했을 때도, 성공했을 때도 테마주로 분류된 기업에는 아무런 영향이 없었습니다. 하지만 나로호 발사를 시도하면 오르고 실패하면 내려가는 흐름이 꽤 오랫동안 나타났습니다. 최종적으로 나로호가 발사에 성공하자 나로호 테마주는 더는 증시에서 언급되지 않았습니다. 대부분 기업은 나중에 우주항공 테마주로 분류돼 지금도 종종 관련 뉴스가 나오면 주가가 급등락을 반복하고 있습니다.

방산 테마주 vs 대북 테마주

방위 산업 테마주와 대북 테마주는 서로 반대의 흐름을 보입니다. 방위 산업 테마주는 무기를 만드는 회사고, 대북 테마주는 대북경제 사업을 하는 회사입니다. 북한이 미사일 실험을 하는 등 남북 관계가 냉랭해지면 방산 테마주가 강세를 보이고, 남북 간 평화 분위기가 조성되면 대북 테마주가 강세를 보입니다.

방산 테마주의 대표주자인 빅텍은 전자전시스템 방향 탐지 장치, 전원 공급 장치, 피아식별 장비 등을 만드는 회사입니다. 이 기업은 사실 남북 관계가 악화된다고 해서 기업의 실적이 개선되지는 않습니다. 방위 산업은 북한과의 관계보다 국방 예산에 절대적인 영향을 받습니다. 빅텍은 "방위 산업은 일반적인 경제 상황보다는 국가의 국방 정책에 영향을 받고 있다"라고 직접 밝히기도 했죠. 스페코 역시 대표적인 방산 테마주입니다. 스페코는 주로 플랜트, 풍력 사업을 하는 회사인데 해군 함정이 파도, 바람에 의해 흔들리지 않게 하는 함 안정기를 해군에 공급합니다. 하지만 방산 관련 매출은 전체 매출의 6%뿐입니다. 상식적으로 판단해봐도 남한과 북한이 전쟁을 하면 어차피 한국 증시는 폭락할 겁니다. 나라 경제 전체가 엉망이 될 텐데 방위 산업 기업이라고 주가가 좋을 가능성은 없습니다.

대북 테마주는 남한과 북한이 협력을 하면 수혜를 입을 만한 기업들입니다. 2018년 싱가포르에서 미국과 북한이 정상회담을 하고 2019년 남북미 정상이 판문점에서 만나면서 북한을 개발하면 수혜를 입을 만한 업종과 기업들이 거론됐습니다. 대표적으로는 철도와 관련한 현대로템, 대아티아이, 철도 레일을 만드는 현대제철, 대규모 토목 사업을 추진한 건설사들이 거론됐습니다. 대북 사업을 하는 현대아산, 현대엘리베이터 등도 관심을 많이 받았죠. 대북 송전주, 개성공단 입주 기업, 가스관 관련 주식의 주가도 급등했습니다. 이때는 단순히 개인 투자자들이 투기하듯 테마주 투자를 한 정도가 아니라 증권사 애널리스트들이 앞다투어 리포트를 발표할 만큼 큰 자금이 움직였습니다.

주가라는 것이 사람을 참 정신없게 합니다. 종목 몇 개만 오르면 몇몇 사람들의 투기라고 생각을 하게 되는데, 수많은 종목이 수십 퍼센트씩 오르면 전문가라고 하는 애널리스트, 펀드 매니저들도 동참하게 됩니다. 그리고 개인이 사고, 기관이 사며 수급이 돌고 주가가 오르면 시장은 그에 걸맞은 논리를 개발해 가격을 정당화시키죠.

그러나 2019년 베트남에서 북미정상회담이 아무런 성과 없이 끝나면서 논의는 원점으로 돌아왔습니다. 1만 5000원이던 현대로템의 주가는 4만 5000원까지 300%나 급등했다가, 소원해진 북미 관계처럼 제자리로 돌아왔습니다. 기대감만으로 매수를 했던 투자자들은 손실을 보았죠. 이 과정에서 수혜를 본 세력도 있습니다. 모건스탠리는 현대로템 주식을 2006년에 2000억 원 규모로 인수했습니다. 2013년에 상장을 할 때 600만 주를 팔았는데 이후로는 공모가가 2만 3000원에 계속 미치지 못해 10년 넘게 주식을 들고만 있었습니다. 그러다 대북 테마주가 거론되며 주가가 급등하자 보유 지분을 모두 팔아 원금에 3배가 넘는 수익을 올렸습니다. 모건스탠리가 판 주식을 산 투자자들은 손실을 보았습니다.

정치인의 지지율에 따라 움직이는 정치 테마주

가장 인기 있는 테마주는 정치 테마주입니다. 정치 테마주는 기본적으로 권력자와 가까운 기업은 수혜를 입는다는 가정이 깔렸습니다. 대통령, 국회의원, 장관 등 권력자들과 가까운 기업들이 특혜를 받아 돈을 많이 벌게 될 거라는 거죠. 정치 테마주는 초기에 꽤 은

밀한 정보로 형성됐습니다. 권력자와 인맥이 있고, 실제 수혜를 입을 수 있을 것으로 기대되는 기업들이 테마를 형성했죠.

2012년 대통령 선거 때는 박근혜 후보와 문재인 후보의 지지율에 따라 관련 테마주들의 주가가 움직였습니다. 박근혜 테마주의 대표적인 종목은 'EG'입니다. 박근혜 후보의 동생인 박지만 회장이 대주주이니 박근혜 후보가 대통령이 되면 수혜를 볼 거라 기대한 거죠. 하지만 더 나아가 동생의 아내가 다니는 회사를 비롯해 사촌의 남편, 조카사위, 후원조직 간부, 캠프 비대위원 등의 회사까지 거론됐습니다. 정치권에서도 정치 테마주 관련 의혹을 제기했습니다. 장병완 의원은 박근혜 후보의 조카사위가 소유한 대유신소재(현 대유플러스)의 부당이득 취득 의혹이 있다고 주장했습니다. 그는 박근혜 후보의 조카사위와 가족들이 주식을 매수하고 정치 테마주로 주가가 뛰자 보유 주식을 매도해 수십억 원의 수익을 올렸다고 지적했습니다. 또 대유신소재가 저축은행을 인수할 때 특혜를 입었다는 의혹도 송호창 의원에 의해 제기됐습니다.

대선 당시 문재인 후보의 테마주는 변호사 시절 고객사, 노무현 대통령 주치의의 아내, 동문회장, 친구가 사외이사로 있는 회사 등이 거론됐습니다. 안철수 테마주, 반기문 테마주까지 거론되며 금융감독원이 정치 테마주에 대해 특별 조사를 실시해 소문을 퍼트리고 주가 차익을 얻은 사람들을 처벌하기도 했습니다. 그때 여러 정치 테마주가 악용된 사례를 확인할 수 있었습니다. 최대주주가 자기가 차명으로 들고 있던 주식을 고가에 팔기 위해 자기 회사를 정치인과 관련이 있다고 소문을 내서 대선 테마주로 만들었습니다. 대선 출마 예상자와 관련된 인사를 회사 임원으로 위장 영입하기도 했습니다. 이 회사는 실제로 주가가 3배 올라 차명 주식을 매도해 부당이득을 얻었습니다. 일반 투자자들도 정치 테마주 풍문을 만들어 유포해 시세차익을 얻었습니다. 'A라는 회사 대표가 대선후보와 성이 같고 친인척이다', '문중 행사에서 같이 사진을 찍었다'라는 허위 글을 만들어 유포하기도 했죠.

정치 테마주의 투자 위험과 허상은 잘 알려져 있습니다. 하지만 잠잠해지기는커녕 이제 어지간한 정치인들은 다 테마주가 있습니다. 2022년 대선의 영향으로 이낙연 테마주, 이재명 테마주, 윤석열 테마주 등도 계속 만들어지고 있습니다. 심지어 미국 대통령 선거를 앞두고서는 바이든 테마주도 거론됐습니다. 게맛살 제품 크래미를 만드는 한성기업은 바이든 후보의 당선 가능성이 커지자 장중 한때 22%까지 급등했습니다. 한성기업 대표이사가 미국 시러큐스대 경제학부를 졸업했는데, 바이든 후보는 시러큐스대에서 법학박사 학위를 받았다는 이유에서였습니다. 당연히 둘 사이에는 아무런 인연이 없습니다. 자동차 부품사 두올은 바이든 후보가 학사 학위를 받은 델라웨어대 출신이라며 16%나 주가가 올랐습니다. 조 바이든 후보와 두올의 조인회 대표가 같은 조 씨라는 우스갯소리도 나왔습니다.

속는 줄 알면서 테마주 투자를 하는 이유

테마주 투자를 하는 사람들은 테마주가 실제 기업 가치에 영향을 주지 않는다는 것을 모르고 투자할까요? 물론 정말 수혜를 입을 수 있다고 기대하는 투자자도 있습니다. 하지만 투자자들은 대부분 그 테마가 말이 안 된다는 걸 압니다. 그런데도 테마주 투자를 하는 이유는 뉴스 흐름에 따라 다른 사람들이 함께 투기할 것이라고 믿기 때문입니다.

예를 들어 윤석열 테마주라고 할 때 그 주식이 윤석열과 실제로 관련 있는지는 중요하지 않습니다. 테마주 투자자들이 윤석열의 지지율이 올라가면 주가가 오를 것이라고 믿는 종목이면 됩니다. 서연과 덕성이라는 회사는 사외이사가 윤석열과 서울대, 사법연수원 동문이라는 이유만으로 윤석열 테마주로 분류됐습니다. 회사들은 사외이사가 윤석열과 동문인 것은 맞지만 이전에도 그렇고 앞으로도 사업과는 전혀 관련이 없다고 아무리 해명해도 주가는 윤석열의 지지율에 따라 출렁였습니다.

테마주는 오히려 직접 관련이 없을 때 오히려 주가가 잘 오릅니다. 16대 대선 무렵 정몽준 후보는 노무현 후보와 단일화를 추진하고 있었습니다. 정치 테마주가 이슈가 될 때 저는 정치 테마주를 풍자하며 기사에서 "정치 테마주 중에 가장 건실하고 지지율도 높고 정치인과 직접적인 관련이 있는 회사가 있다. 바로 정몽준 후보가 최대주주인 현대중공업이다"라고 했습니다. 맞는 말이지만 아무도 테마주 취급을 안 했습니다. 테마주는 실제로 테마에 따라 기업 펀더멘탈이 좋아질 수 있는 회사는 잘 다루지 않습니다. 소수의 사람이 사서 주가를 올릴 수 있는 작은 종목이어야 합니다. 또 이름을 들으면 알 만한 인지도 높은 회사이면 안 됩니다. 어떤 회사인지 몰라야 과장, 왜곡된 정보를 보며 묻지마 투자자들이 유입될 테니까요. 또 건전한 대주주가 있는 회사도 안 됩니다. 건전한 대주주가 적극적으로 자기 회사에 대해 외부에 알리며 테마와의 관련성을 부인하면 주가가 잘 안 오릅니다.

테마주 투자가 위험하다는 말은 더 강조할 필요도 없습니다. 테마주를 보며 실제로 그 테마와 해당 기업이 관련이 있는지 굳이 관심을 두지 않으셔도 됩니다. 테마와 기업이 관련 있다고 하더라도 기업 실적에 큰 영향을 주는 경우는 거의 없습니다. 테마주는 그저 나보다 더 높은 가격에 사줄 바보가 있을 것이라고 믿는 나쁜 투자 방식일 뿐입니다. 주가의 변동성을 보며 뛰어드는 불나방 같은 투자 방식도 있게 마련이고, 테마주도 그러한 풍경 중 하나가 아닐까 싶습니다.

시장을 리드하는
주도주

주가 상승을 견인하는 주식

주식시장에는 그때그때 주가 상승을 견인하는 주도주가 있습니다. 관련 산업이 활황일 때 많은 투자자가 해당 산업에 관심을 두고 투자합니다. 주식은 기업 가치와 동행하지만, 수요와 공급의 영향도 많이 받습니다. 기업의 가치가 높더라도 투자자들의 관심을 받지 못하면 주가는 오르지 않습니다. 주도주가 명확한 시점에는 주도주에 많은 투자가 몰리기 때문에 상대적으로 다른 주식에는 관심이 덜합니다. 그래서 다른 주식들이 소외되는 경우가 있습니다.

주도주 투자를 하지 않더라도 수급 측면에서라도 주도주를 잘 파악할 필요가 있습니다. 지난해 코로나19 초기에 'BBIG'가 주목을 받았습니다. BBIG란 바이오bio, 배터리battery, 인터넷internet, 게임game 의 첫 자를 딴 용어입니다. 코로나19로 언택트 경제가 활성화되면서 네이버, 카카오 등의 플랫폼 기업이 주목받았고, 저금리와 막대한 정책자금을 바탕으로 당장은 돈을 많이 못 벌더라도 중장기적으로 가능성이 있는 기술을 보유한 기업 역시 주목받았습니다. 네이버, 카카오, 셀트리온, LG화학, 엔씨소프트 등 BBIG 업종 기업의 주가는 코로나19로 실물 경제가 침체한 상황에서도 많이 올랐습니다.

| **실물 경제** | 화폐를 사용하지 않고 물건과 물건을 맞바꾸거나 자급자족으로 이루어지는 경제.

대형주에서 경기 민감주 그리고 가치주까지

고도의 기술과 연관된 기업의 주식을 일컫는 기술주의 바통을 이어받은 것은 대형주였습니다. 대형주란 자본금이 큰 회사의 주식을 말합니다. 코로나19로 글로벌 경기에 대한 전망이 불투명해지자 저점 매수를 노리는 투자자들이 많이 유입됐습니다. 이 시점에 동학개미운동, 주린이라는 말이 등장했습니다. 대표적으로 삼성전자, 현대차, LG전자 등에 투자가 몰렸죠. 글로벌 금융시장은 예상보다 빠르게 반등했습니다. IT, 자동차 등에 대한 소비도 예상보다 빠르게 회복됐습니다. 그러면서 대형주들의 실적도 큰 폭으로 개선됐습니다. 실적과 수급이

| **동학개미운동** | 2020년 코로나19 확산 사태가 장기화되면서 주식시장에서 등장한 신조어로, 국내 개인 투자자들이 기관과 외국인에 맞서 국내 주식을 대거 사들인 상황을 1894년 반외세 운동인 '동학농민운동'에 빗댄 표현이다.

뒷받침된 대형주 랠리가 이어졌죠. 대형주
들은 코스피 지수에서 차지하는 비중이 크기
때문에 지수도 급등했습니다. 그다음은 글로

| 가치주 | 실적이나 자산에 비해 기업 가치가 상대적으로 저평가됨으로써 낮은 가격에 거래되는 주식.

벌 경기 회복과 풍부한 유동성을 바탕으로 원자재 가격이 급등했습
니다. 그러면서 철강, 화학 등 경기 민감주가 뒤를 이어 주도주가 됐
습니다. 코로나19가 장기화될 우려로 투자가 위축됐는데 예상보다
수요가 빠르게 회복되자 공급에 차질이 생겼습니다. 경기 민감주의
가격이 비싸다고 느껴질 무렵 중소형 가치주°가 랠리를 이어갔습니
다. 이런 흐름에 힘입어 코스닥 지수는 20년 만에 최고치를 돌파하며
'천스닥' 시대를 열었습니다. 어느 정도 주가가 상향 평준화된 후에는
수급에 따라 주가가 덜 오른 산업으로 수급이 몰리는데 이러한 장세
를 순환매 장세라고 합니다. 기술주, 대형주, 경기 민감주, 중소형 가
치주가 그 시점에 주도주인 셈입니다.

1970년대: 증시 대중화를 이끈 건설주

과거 주도주를 살펴보겠습니다. 1970년대를 이끈 주식은 건설주
입니다. 그 당시 중동국가에서 대규모 토목, 건설 사업이 많이 벌어지
고 있었는데 한국 건설사들이 한국인 특유의 성실함으로 수주를 따냈
죠. 그러면서 건설주는 전문 투자자 중심의 주식시장에 더 많은 사람
이 참여하도록 이끌었습니다. 한국 증시 대중화의 계기가 된 거죠. 하

지만 얼마 지나지 않아 일어난 오일쇼크와 건설사 부도 등으로 증시 는 폭락했습니다. 주도주의 몰락은 증시 침체의 계기가 됐습니다.

1980년대는 저달러, 저유가, 저금리 3저 호황으로 한국 경제가 본 격적으로 성장하는 기간이었습니다. 당시 주도주는 국내 대기업의 상품을 해외에 판매하는 종합상사였습니다. 또 오일쇼크 이후 중동 국가가 안정되면서 다시 건설업이 진출했습니다. 종합상사와 건설 관련 주식이 폭등하면서 많은 투자자가 다시 주식시장에 관심을 기 울이기 시작했고, 증권사 주가도 대폭 상승했습니다. 무역, 건설, 증 권주는 이른바 트로이카주라고 불렸습니다. 이 주식들은 30배에서 70배 넘게 올랐습니다.

1990년대부터 2000년대: 저PER주 → IT주 → 중국 관련주

1990년대에는 한국 증시가 외국인에게 개방이 됐습니다. 이전까 지 한국 주식시장은 각종 불공정 거래와 투기적 거래가 횡행했습니 다. 7장에서 설명했듯 이때 등장한 외국인 투자자들은 좀 더 선진화 된 투자 방식을 가진 투자 주체로 자리매김했습니다. 당시에는 낯설 었던 PER, PBR 같은 지표들이 도입됐습니다. 외국인들은 기업 가치, 자산 가치를 따져서 투자를 했습니다. 그러면서 저PER주가 주도주 가 됐습니다.

1997년 외환위기 이후 한국 증시를 다시 일으켜 세운 것은 IT입니다. 그즈음 미국 증시에는 IT버블이 있었고 한국 역시 IT가 각광을 받았습니다. 테크와 미디어, 통신주가 21세기에는 새로운 기술들이 꽃필 수 있을 것이라는 기대감으로 큰 폭으로 상승했습니다. IT벤처 회사들이 즐비한 코스닥 지수는 2000년에 2900선까지 치솟았습니다. 역사적인 종목인 새롬기술 주가는 상장 6개월 만에 무려 7만%가 상승하며 앞으로도 깨지지 않을 것 같은 기록을 세웠습니다. 그로부터 20년이 지날 때까지 코스닥 지수는 1000을 넘지 못했고, 2021년 들어 1000선을 겨우 돌파했습니다. 미국 IT버블이 꺼지고, 한국 IT버블도 꺼지면서 IT주는 한동안 침체를 면치 못했습니다.

2000년대 중반은 중국 관련주가 주도주가 됐습니다. 오랫동안 잠자고 있던 중국이 정치적 안정과 함께 경제 성장에 몰두하면서 막대한 수요가 생겼습니다. 중국 경제 성장에 올라탄 업종은 조선, 기계, 철강 등이었습니다. 이들이 주도한 코스피 지수는 2005년에 1000선을 돌파하고, 2007년에는 2000선까지 뚫었습니다. 또 2008년에는 자동차, 화학, 정유 등 이른바 차화정*의 시대가 열렸습니다.

| 차화정 | 자동차, 화학 그리고 정유 세 단어 앞글자의 줄임말로 2008년 글로벌 금융위기 이후 우리나라 증시를 극복했던 산업을 일컫는다.

2010년대: 2000선을 두고 횡보하는 코스피 지수

2010년대는 주가가 일정한 폭에서만 등락을 거듭했습니다. 이런 현상을 일컬어 박스권이라고 합니다. 일정한 틀 안에 주가가 갇힌 모양새가 박스 같다는 것이죠. 2008년 금융위기를 극복한 것처럼 보였지만 막대하게 풀린 유동성의 후유증으로 유럽의 재정 위기, 신흥국 위기 등 잊을 만하면 발작적인 경제 쇼크가 발생했습니다. 코스피 지수는 2000선을 두고 횡보했습니다. 박스권과 코스피를 합쳐 '박스피'라는 신조어도 생겼습니다. 어차피 2200선을 돌파하지 못할 거라는 인식이 생기자 조금만 올라도 투자자들은 주식을 팔았고, 2000선까지 내려가면 다시 사면서 코스피는 2000~2200선을 오르내렸습니다.

투자자마다 투자하는 방식은 다릅니다. 시장의 상황과 상관없이 기업의 내재가치에 집중하는 투자자는 시장의 상황에 그렇게 예민하게 반응하지 않습니다. 단기적 추세를 추종하는 단기 투자자 역시 중기적인 시각으로 접근하지 않습니다. 하지만 주도주는 길게는 몇 년, 짧게는 몇 개월 동안 시장을 주도합니다. 또 주도주에 많은 매수세가 몰리면 다른 업종이 상대적으로 저평가됩니다. 자기가 직접 주도주에 투자하지 않더라도 현재 시장을 주도하는 산업이 어디쯤인지 알면 투자를 할 때 도움이 될 겁니다.

• 9장을 마치며 •

이번 장에서는 금리와 환율이 주식시장에 어떤 영향을 미치는지, 속는 줄 알면서도 테마주에는 왜 사람이 몰리는지, 주식시장을 움직였던 대표적인 주도주는 어떤 것이 있었는지 알아보았습니다. 주식 투자를 할 때 세상을 읽는 눈이 왜 필요한지 이해하시겠죠? 이제 대망의 마지막 장만 남겨두었습니다. 주식 투자자라면 반드시 알아야 할 6가지 산업에 대해 알려 드릴게요!

부의 시나리오를 만드는 6가지 산업 분석

4차 산업혁명의 핵심 부품, 반도체

한국 경제와 반도체

한국의 경제를 이야기할 때 반도체를 빼놓을 수 없습니다. 코스피 시가총액 1, 2위 업체는 반도체를 만드는 삼성전자와 SK하이닉스입니다. 두 회사의 시가총액은 코스피 시장 전체의 30%를 차지하고 있습니다. 코스피 지수의 상승은 반도체에 달려 있다고 해도 과언이 아닙니다.

워낙 지수에서 차지하는 비중이 크다 보니 다른 회사들 주가가 올라도 삼성전자와 SK하이닉스 주가가 오르지 않으면 지수가 오르지 않을 정도입니다. 수출에서 차지하는 비중도 20%에 육박합니다. 단일 품목이 한 국가의 수출에서 차지하는 비중이 이렇게 높은 것은 원유, 가스밖에 없습니다. 이처럼 삼성전자의 비중이 크다 보니 전체 상장사의 매출, 영업이익 등을 분석할 때 삼성전자를 제외하고 분석하기도 합니다. 전체 상장사의 실적을 알고 싶은 건데 삼성전자 실적에 따라 전체 통계가 왜곡되기 때문입니다. 그만큼 한국 경제에 있어 반도체는 중요합니다.

반도체의 종류

한국에서 주로 이야기하는 반도체는 메모리 반도체입니다. 반도체는 크게 메모리 반도체와 로직 반도체로 나뉩니다. 메모리 반도체는 정보를 저장하고, 로직 반도체는 정보를 처리하는 데 사용합니다. 전 세계 반도체 시장에서 차지하는 비중은 메모리 반도체가 20%, 로직 반도체가 80%입니다. 한국은 메모리 반도체 분야에서 세계 시장 점유율을 절반 넘게 차지하고 있고, 로직 반도체 분야에서는 별다른 두각을 나타내지 못하고 있습니다. 그러다 보니 한국에서 반도체를 이야기할 때는 대부분 메모리 반도체를 지칭합니다.

메모리 반도체는 디램DRAM과 낸드 플래시NAND flash가 있습니다. 디램은 컴퓨터의 두뇌에 해당하는 CPU가 빠르게 정보를 처리할 수 있도록 임시로 정보들을 저장하는 역할을 합니다. 속도가 빠르지만 전원이 꺼지면 정보가 삭제됩니다. 낸드 플래시는 디램에 비해 속도는 느리지만 전원이 꺼지더라도 정보가 남습니다. 우리가 USB, 내외장 디스크SSD로 사용하는 것이 낸드 플래시입니다. 낸드 플래시보다 느리고 가격이 저렴한 저장 장치로는 우리가 예전에 사용하던 하드 디스크HDD가 있습니다. 속도가 아주 느리고 무겁기 때문에 개인용 컴퓨터에서는 거의 사용되지 않고, 가격이 중요한 서버에는 아직도 사용되고 있습니다.

글로벌 디램 시장 점유율

글로벌 디램 시장 점유율은 2020년 4분기 기준으로 삼성전자가 42%, SK하이닉스가 29.5%를 차지하고 있습니다. 두 회사가 차지하는 비중은 70%가 넘습니다. 3위는 미국의 마이크론으로 23%를 차지하고 있습니다. 디램 시장은 이 세 회사가 사실상 과점을 하고 있습니다. 처음부터 디램 시장에 세 회사만 있었던 것은 아닙니다. 반도체의 고향은 미국이지만 대만, 일본, 독일 등의 반도체 업체들이 디램 분야에서 두각을 나타냈습니다.

디램 시장에서는 판매가를 계속 낮추며 치킨게임이 벌어졌습니다. 원가 이하로 물건을 팔아서 팔면 팔수록 손해를 봤습니다. 1차 치킨게임에서는 6달러가 넘는 디램의 가격이 0.5달러까지 폭락했습니다. 한때 세계 2위를 달성했던 독일 키몬다가 파산했고, 2차 치킨게임에서는 세계 3위 일본 엘피다가 파산했습니다. 치킨게임 끝에 20여 곳에 달하던 디램 업계는 빅3 체제로 재편이 됐습니다. 경쟁이 제한되다 보니 경기가 좋을 때 삼성전자 반도체 부문은 연간 45조 원(2018년 기준)의 수익을 올렸고 영업이익률도 51%에 달했습니다. 돈을 갈퀴로 쓸어 담는다는 표현이 과장이 아니죠.

글로벌 낸드 플래시 시장 점유율

낸드 플래시는 디램과 달리 여전히 경쟁자가 많습니다. 2020년 4분기 기준 1위는 삼성전자(32.9%), 2위 키옥시아(19.5%), 3위 웨스턴디지털(14.4%), 4위 SK하이닉스(11.6%), 5위 마이크론(11.2%), 6위 인텔(8.6%) 순이었습니다.

앞서 설명했듯 메모리 반도체 시장에서 4위 이하 기업은 돈을 벌기가 쉽지 않습니다. 낸드 플래시 역시 6개 회사가 경쟁하는 구도는 결국 과점화될 것으로 보입니다. 2020년 10월 SK하이닉스는 인텔의 낸드 플래시 부문을 인수하면서, 낸드 플래시 시장은 큰 변화를 겪을 것으로 보입니다. 두 회사의 점유율을 합치면 20%로 단숨에 2위를 치고 올라오게 될 것입니다.

하지만 경쟁사들도 잰걸음을 하고 있습니다. 키옥시아는 일본 도시바 플래시 메모리 사업부가 사모펀드에 매각되면서 만들어진 회사입니다. 최근에 웨스턴디지털, 마이크론이 키옥시아의 인수를 타진하고 있는 것으로 알려졌습니다. 누가 키옥시아를 인수하느냐에 따라 경쟁 구도는 크게 출렁일 수 있습니다.

메모리 반도체의 전망

메모리 반도체는 표준화된 상품입니다. 브랜드에 따라 가격 차별화가 거의 되지 않습니다. 판매가가 비슷하므로 제조 원가가 중요합니다. 규모가 커서 원가를 낮출 수 있는 1위 기업이 가장 많은 돈을 벌고, 그다음은 2위 기업이 많이 벌겠죠. 그리고 4위 이하 기업은 생존을 담보하기 쉽지 않습니다. 이미 과점화된 메모리 반도체 시장에서 새로운 경쟁자가 나타나기는 쉽지 않습니다. 점유율이 높은 기업을 이길 만큼 가격 차별화를 하는 것이 불가능하기 때문입니다.

4차 산업 혁명이 진행될수록 메모리 반도체 사용은 더 늘어날 전망입니다. 삼성전자, SK하이닉스 등 반도체 기업의 주식이 매력적인 이유입니다. 하지만 메모리 반도체는 경기에 따른 변동성이 큽니다. 2018년 45조 원을 벌어들였던 삼성전자 반도체 부문의 영업이익은 2019년 14조 원으로 대폭 줄었습니다. 반도체 공정의 특성상 만들기 시작하면 계속 만들어야 합니다. 공급이 어느 정도 고정된 상태에서 수요가 늘어나면 가격이 폭등하고 삼성전자는 엄청난 돈을 법니다. 반대로 수요가 줄어도 공급을 줄이기 쉽지 않기 때문에 가격이 폭락합니다. 실적 변동폭이 크다는 거죠.

삼성전자는 잘 벌 땐 인텔, TSMC 같은 글로벌 주요 기업보다 돈을 더 많이 법니다. 삼성전자가 2018년 반도체 부문에서 45조 원을 벌 때, TSMC는 약 15조 원을 벌었습니다. 그러나 2020년에는 TSMC의 영업이익이 22조 원으로 삼성전자 20조 원보다 많았습니다. 삼성전자 메모리 반도체는 실적 변동성이 크기 때문에 저평가받는 측면이 있습니다. 삼성전자는 시가총액에서도 TSMC에게 역전을 당해 세계에서 가장 비싼 반도체 기업 자리를 내줬습니다.

팹리스와 파운드리

삼성전자처럼 반도체를 직접 설계하고 직접 만드는 회사를 종합 반도체 회사IDM, Integrated Device Manufacturer라고 부릅니다. 삼성전자와 인텔이 대표적입니다. 반도체는 돈이 많이 드는 산업입니다. 설계하는 데도 엄청난 돈이 들고 만드는 데도 엄청난 돈이 듭니다. 그래서 자기가 잘하는 분야에 집중하는 업체들이 생겨났습니다.

• 설계 전문 업체, 팹리스

반도체를 설계만 하는 업체를 '팹리스fabless'라고 부릅니다. 대표적인 설계 전문 업체로는 퀄컴, 엔비디아, AMD 등이 있습니다. AMD는 처음에는 설계하고 만드는 종합 반도체 회사였습니다. 하지만 양쪽의 경쟁력을 모두 가져가기 버거웠고 반도체 생산 분야를 분할해서 만든 회사가 세계 4위 생산 전문 업체인 글로벌파운드리입니다. 종합 반도체 회사인 인텔도 현재 반도체 생산 분야에 투자하는 데 한계를 느끼고 있다고 하죠.

• 생산 전문 업체, 파운드리

팹리스가 설계만 하는 업체라면, 생산만 하는 업체를 '파운드리 foundry'라고 부릅니다. 대표적인 기업은 대만의 TSMC입니다. TSMC의 글로벌 시장 점유율은 2021년 1분기 기준 56%로 압도적인 1위입니다. 삼성전자는 18%로 2위이고 대만 UMC와 글로벌파운드리가 각각 7%로 3, 4위를 차지하고 있습니다. 삼성전자는 모바일 스마트폰에 들어가는 반도체를 자체 공장에서 만들고 있습니다. 18%의 점유율에는 자체 물량이 포함돼 있다는 거죠. 그걸 제외하면 TSMC의 점유율은 더 올라갈 겁니다. TSMC는 2020년 22조 4000억 원의 영업이익을 올렸는데, 영업이익률이 무려 42%에 달합니다.

반도체는 만드는 데도 엄청난 돈이 들어갑니다. 10나노 이하 반도체를 만드는 데 필요한 장비인 EUV는 한 대에 2000억 원 내외입니다. 그나마도 네덜란드의 ASML이 독점하고 있어 돈을 내고도 충분히 살 수가 없습니다. 먼저 앞선 기술을 적용해서 고객들을 모으고 그렇게 번 돈으로 그다음 기술에 막대한 투자를 해야 살아남을 수 있는 산업이 파운드리입니다. 그러다 보니 엄청난 투자를 감당하지 못해 10나노 이하 파운드리 사업을 계속 이어가고 있는 회사는 TSMC와 삼성전자밖에 없습니다. UMC, 글로벌파운드리는 10나노 이하 공정에 대한 투자를 포기했습니다.

파운드리는 고객의 주문을 받아 생산해주기 때문에 실적 변동성이 낮습니다. 메모리 반도체 경기에 따라 실적이 출렁이는 삼성전자

입장에서는 매우 매력적인 산업이죠. 그래서 삼성전자는 2030년까지 133조 원을 투자해 파운드리 분야 1위에 오르겠다는 '시스템 반도체 비전 2030'을 발표했습니다. TSMC는 삼성전자의 추격을 뿌리치기 위해 매년 삼성전자의 3배에 달하는 설비투자를 발표하고 있습니다. 과연 삼성전자가 TSMC를 추격할 수 있을지는 전 세계적인 관심사입니다.

설계도 하고 생산도 하는 삼성전자

반도체 설계만 전문으로 하는 팹리스는 한국이 그리 두각을 나타내지 못하고 있는 분야입니다. 팹리스는 가장 효율적인 정보 처리를 위한 설계가 주요 업무입니다. 천재적인 창의력이 필요합니다. 반면 파운드리는 표준화된 기술을 다루므로 성실함이 더 중요합니다.

삼성전자의 팹리스는 스마트폰 AP인 '엑시노스' 시리즈가 있습니다. 이 분야에서는 프리미엄 칩은 미국의 퀄컴, 중저가 칩은 대만의 미디어텍이 경쟁하고 있습니다. 삼성전자의 엑시노스는 삼성전자 스마트폰에 탑재된다는 장점이 있지만, 다른 스마트폰 업체들이 많이 채택하고 있지는 않습니다.

삼성전자의 파운드리와 팹리스는 충돌을 일으키기도 합니다. 애플은 아이폰 초기 생산 때부터 삼성전자와 모바일 반도체 칩 설계를 함께했습니다. 하지만 삼성전자와 애플이 시장에서 경쟁하며 특허소

송 등을 진행했고, 애플은 더는 삼성전자 팹리스에 설계를 맡기지 않게 됐습니다.

스마트폰 AP 시장에서는 삼성전자 엑시노스와 퀄컴의 스냅드래곤이 경쟁하고 있습니다. 퀄컴의 입장에서는 경쟁사인 삼성전자 파운드리에 스냅드래곤의 생산을 맡기기가 아무래도 꺼려지겠죠. 대만 TSMC는 이런 경쟁 구도의 틈새를 적극적으로 공략하기 위해 '고객과 경쟁하지 않는다'라고 말합니다. 경쟁사인 삼성전자는 다른 사업부에서 고객과 경쟁하고 있다는 점을 강조하려는 거죠.

삼성전자 팹리스에는 카메라 역할을 하는 반도체 '이미지 센서'가 있습니다. 이 분야 1위는 소니로 점유율 45.1%입니다. 삼성전자는 19.8%로 2위를 차지하고 있습니다.

앞으로 반도체 산업의 전망은?

반도체 산업은 새로운 격전을 앞두고 있습니다. 이전까지 가장 큰 시장은 PC와 모바일이었습니다. 두 시장은 어느 정도 성숙기에 접어들었고 지금 시점에서 더 폭발적으로 증가하기는 힘듭니다. PC와 모바일처럼 누구나 사용하는 전자기기가 무엇이 될지가 초미의 관심사입니다. 대체적인 전망은 클라우드 컴퓨팅과 스마트 모빌리티, 인공지능입니다.

클라우드 컴퓨팅은 단말기가 단순해지는 세상입니다. 사람이 사용하는 기기의 성능을 높일 필요 없이 복잡한 연산과 대규모 저장을 서버가 다 해주는 방식입니다. 데이터센터는 지속해서 확충될 것이고 여기에는 디램, 낸드 등 메모리 반도체가 엄청나게 들어갑니다.

스마트 모빌리티는 IT 업체들이 무척 탐내는 시장입니다. 자동차가 자율주행하고 외부와 소통을 하려면 엄청난 정보 처리 기능이 필요합니다. 스마트폰은 비싸도 200만 원인데, 자동차는 1~2억 원이 넘는 경우도 많습니다. 업체들은 이러한 비싼 기기에 들어갈 막대한 반도체를 선점하기 위해 치열하게 경쟁하고 있습니다.

또 모든 기기가 인공지능화가 되면 막대한 연산이 필요합니다. 여기에도 반도체가 들어갑니다. 지금까지는 CPU, GPU 등 범용 반도체들이 활용됐지만 더 높은 연산 능력을 확보하기 위해 NPU, TPU 전용으로 설계된 반도체들도 속속 등장하고 있습니다. 4차 산업혁명 시대에 반도체의 중요성은 두말할 나위가 없습니다. 치열한 반도체 시장 경쟁 속에서 한국 업체들의 도전이 어떤 결과를 보여줄지 기대가 됩니다.

산업 패러다임이
확 바뀐 자동차

자동차 산업에 대하여

어떤 회사가 자동차를 잘 만들고, 잘 팔고 있는지를 가장 직관적으로 보여주는 지표가 바로 미국 시장 인센티브입니다. 인센티브는 딜러들에게 지급하는 할인 금액입니다. 자동차 가격이 3000만 원이라고 하더라도 인센티브로 300만 원을 지급하면 실질 판매 가격은 2700만 원입니다. 제조 원가는 그대로인데 실질적인 판매 가격이 낮아지면 이익이 줄죠.

신차가 출시되어 인기가 많으면 굳이 인센티브를 주지 않아도 잘 팔립니다. 알아서 잘 팔리면 인센티브가 낮아지고 공장 가동률이 높아지고 이익이 늘어납니다. 그렇게 벌어들인 돈으로 신규 투자를 해서 그다음에 더 좋은 신차를 만듭니다. 그러므로 자동차 회사의 선순환 고리의 시작을 확인할 수 있는 지표가 인센티브입니다. 인센티브 추이는 매달 발표됩니다. 이를 통해 자동차 회사들의 경쟁력을 확인해볼 수 있습니다.

차량 판매 단가의 평균을 나타내는 ASP Average Selling Price도 유용한 지표입니다. 해당 브랜드의 자동차가 평균적으로 더 높은 가격에 팔린다는 것은 본질적인 경쟁력이 강해지고 있다는 의미이기 때문입니다. 앞으로 자동차 산업에 대해 많은 이야기를 할 텐데, 한국 자동차 산업은 현대차의 영향력이 절대적이기 때문에 현대차의 사례를 주로 이야기해보겠습니다.

자동차 산업의 사이클

자동차 산업에는 사이클이 있습니다. 기획, 디자인, 개발을 거쳐 최종적으로 신차가 출시되는 데까지 5년 정도가 걸립니다. 신차가 출시되면 판매량이 급증했다가 이후 점차 줄어드는 흐름을 보입니다. 5년에 한 번씩 큰 흐름이 나타난다는 의미입니다. 자동차 회사마다 다양한 차종이 있으므로 매년 신차가 출시되기는 합니다. 하지만 주목해야 할 것은 가장 많이 팔리는 차종의 신차 주기입니다. 자동차 회사가 새로운 기술을 개발하면 많이 팔리는 차량에 먼저 적용하기 때문에 해당 신차에 적용된 기술 경쟁력을 확인하면 뒤이어 나올 차량의 경쟁력도 유추할 수 있습니다.

차량의 경쟁력을 판단할 땐 무엇보다 신규 플랫폼을 살펴봐야 합니다. 플랫폼은 차량의 기반이 되는 주요 부품들의 모듈로 차체, 서스펜션, 파워트레인, 연료전지, 공조장치, 조향장치, 배기장치 등의 호환 패키지입니다. 일반적으로 자동차의 아래 공간을 차지하는 엔진룸과 몸체를 의미합니다. 플랫폼에 따라 자동차의 기본 성능과 상품성이 결정됩니다. 플랫폼을 보면 그 제조사의 기본 실력을 알 수 있다고 해도 과언이 아닙니다. 그리고 플랫폼을 기반으로 다른 요소를 어떻게 꾸미냐에 따라 차종이 달라집니다. 쏘나타와 싼타페는 완전히 다른 차량으로 보이지만 같은 플랫폼을 기반으로 만듭니다. 현대차와 기아는 현재 3세대 플랫폼을 사용하고 있습니다.

현대차의 신차 사이클

현대차의 신차 사이클은 싼타페, 쏘나타, 투싼, 아반떼 순으로 나타납니다. 먼저 출시되는 싼타페의 경쟁력을 보면 쏘나타의 경쟁력도 가늠해볼 수 있습니다. 2008년은 현대차가 본격적으로 글로벌 자동차 회사로 성장한 시기입니다. 당시 글로벌 금융위기로 유가가 치솟고 미국 소비자들의 주머니가 가벼워졌습니다. 그로 인해 연비가 좋고 가격이 저렴한 현대차의 세단 판매량이 급증했습니다. 현대차는 당시 세단 경쟁력이 있었습니다. 자동차는 크기에 따라 세그먼트를 A~F로 구분합니다. 가장 작은 경차 아토즈가 A, 엑센트는 B, 아반떼 C, 쏘나타 D, 그랜저 E 순입니다. F에는 프리미엄 세그먼트로 제네시스, 에쿠스가 있었습니다. 2008년 현대차는 차화정의 선두주자로 질주했고 주요 차종의 노후화가 진행되면서 다음 신차를 기다리게 됐습니다.

가장 중요한 지표가 되는 인센티브는 2008년부터 점차 줄어들었다가 2013년을 기대하며 점차 높아지는 흐름을 보였습니다. 그러나 2013년 새로 시작한 사이클은 현대차의 암흑기입니다. 신형 쏀타페는 물이 새서 수水타페라는 오명을 뒤집어썼고 아반떼 플랫폼은 안전 기준을 충족하지 못해 철판을 덧대다 보니 연비가 떨어졌습니다. 신규 플랫폼의 경쟁력이 만족스럽지 못했죠. 신차가 나왔는데도 판매가 부진해 인센티브는 낮아지지 않았고 가동률이 떨어지고 이익이 감소하는 악순환에 빠졌습니다.

세단에서 SUV로, 자동차 트렌드의 변화

2013년, 글로벌 자동차의 트렌드는 세단에서 SUV로 빠르게 바뀌었습니다. 세단과 SUV의 비중은 70:30에서 40:60으로 역전이 됐습니다. 현대차는 세단 중심 회사였습니다. SUV 차종은 투싼과 쏀타페밖에 없었죠. 현대차의 이익은 매년 감소했고 투자자들은 그다음 사이클의 시작인 2018년 출시될 쏀타페를 바라보게 됐습니다. 그리고 새로 출시된 싼타페는 성공적이었습니다. 이전보다 과감한 디자인과 개선된 성능은 좋은 평가를 받았습니다. 이후 SUV 라인업은 빠르게 보강됐습니다. 베뉴(A), 코나(B), 투싼(C), 쏘나타(D), 팰리세이드(E)로 이어지는 SUV 라인업을 완성했고 제네시스 SUV GV70, GV80도 연이어 출시됐습니다.

세단보다 가격이 비싼 SUV인 프리미엄 브랜드가 잘 팔리다 보니 ASP는 지속해서 상승했습니다. 인센티브가 줄고 가동률이 높아지고 이익이 개선되는 선순환 고리를 다시 타게 된 거죠. 2021년 1분기 기준 현대차의 SUV, 제네시스 판매 비중은 전체 판매의 48.6%까지 높아졌습니다.

판매 차량 변화에 따른 효과를 '믹스 개선'이라고 합니다. 애널리스트들이 현대차 매출이 믹스 개선 효과로 좋아졌다고 하면 많이 판매되는 차종이 변했다는 의미입니다. 이후 현대차의 새로운 사이클은 큰 기대를 모았습니다. 하지만 코로나19로 글로벌 자동차 산업 자체가 어려움을 겪으면서 효과가 반감됐습니다. 또 미래 자동차 산업으로 패러다임 전환이 일어나면서 자동차 회사에 대한 평가가 이전 방식과 달라졌습니다.

전기차 시대, 쓸모가 사라진 핵심 경쟁력

미국의 전기차 회사 테슬라의 시가총액은 800조 원에 달합니다. 테슬라는 2020년에 50만 대의 전기차를 판매했습니다. 현대차는 370만 대를 판매했으나 시가총액이 50조 원에 불과합니다. 연간 1000만 대의 자동차를 판매하는 도요타의 시가총액은 250조 원입니다. 적자만 겨우 면하는 테슬라의 시가총액이 글로벌 자동차 판매 1위~10위를 합친 것보다 크다는 것은 정말 이상한 일입니다. 이는 자동차 회사를 평가하는 기준 자체가 달라졌기 때문입니다.

자동차 산업의 가장 큰 변화는 동력입니다. 자동차에서 가장 중요한 부품은 엔진, 변속기 등 파워트레인입니다. 완성차 회사들은 대부분 부품을 외부에서 조달하지만 엔진만큼은 독자적인 경쟁력을 갖고 있습니다. 하지만 환경 규제가 강화되면서 자동차 회사의 핵심 경쟁력인 엔진을 사용하지 못하게 되었습니다.

자동차 엔진은 휘발유를 폭발시켜 동력을 얻습니다. 하지만 화석 연료를 사용하면 이산화탄소가 배출됩니다. 엔진의 효율을 개선하면 연료 사용이 줄고 이산화탄소를 덜 배출할 수 있습니다. 하지만 개선이 불가능한 수준까지 환경 규제가 강화되고, 급기야 탄소 배출 제로를 요구하는 목소리도 높아지면서 자동차 회사들은 100년 동안 자신들의 핵심 경쟁력이었던 내연기관을 버리게 되었습니다. 아직 기술적 완성도가 높지 않은 전기차로 바꿔어야 하는 시대가 온 겁니다.

자동차가 바퀴 달린 스마트폰이 된 시대

전기차보다 더 장벽이 높은 기술은 자율주행을 비롯한 스마트 모빌리티 기술입니다. 자동차는 여러 가지 기계 부품을 조립해 만듭니다. 3만여 개의 부품을 조합해 최적의 성능을 내는 것이 완성차 업체의 경쟁력입니다. 스마트폰은 기계적인 성능보다는 소프트웨어를 사용하기 위해 삽니다. 스마트폰을 활용해 영화도 보고 웹툰도 보고 쇼핑도 하며 서비스를 이용하죠.

자동차가 기계에서 스마트기기가 되는 과정은 이와 비슷합니다. 자동차의 기계적 성능보다 소프트웨어, 모빌리티 서비스를 활용할 수 있는 장치로 변하고 있다는 겁니다. 바퀴 달린 스마트폰이라는 말이 나오는 것도 이 때문입니다. 자동차 회사가 감당하기에 쉽지 않은 과제입니다. 바퀴 달린 스마트폰을 만들려면 매우 강력한 반도체 칩과 고도로 정교한 OS를 만들어야 합니다.

컴퓨터를 예로 들면 인텔의 CPU, 마이크로소프트의 윈도우를 자동차 회사가 만들어야 합니다. 또 소프트웨어가 전체 차량을 통제할 수 있는 아키텍처architecture도 구축해야 합니다. 테슬라는 차량 전체를 통합 제어할 수 있는 고성능 반도체를 자체 개발하고 전체를 제어하는 플랫폼을 구축했습니다. 이런 스마트 모빌리티 플랫폼은 자율주행의 기반이 됩니다. 테슬라는 '완전자율주행FSD, Full Self-Driving' 소프트웨어를 개발해 차량에 적용하고 있습니다.

시간이 지날수록 자율주행 기능은 더 정교해질 것입니다. 처음부

터 모빌리티 기반으로 제작됐기 때문에 소프
트웨어를 업데이트하면 기존 차량도 성능이
개선됩니다. 이전까지 자동차의 성능은 처음
살 때 결정이 되고 바뀌지 않았지만, 스마트
모빌리티 플랫폼을 갖춘 자동차는 제로백zero百*을 높이거나 제동거
리를 줄이는 등 다양한 성능들을 소프트웨어 업데이트를 통해 개선할
수 있습니다. 무엇보다 자율주행 소프트웨어 업데이트를 통해 반자율
주행 수준을 높일 수 있습니다.

| 제로백 | 초기 가속성능을
나타내는 지표로 자동차가
정지 상태에서 시속 100킬로
미터에 이르는 시간을 의미
한다.

또 통합체계를 갖추면 자동차가 수집한 데이터를 기반으로 보험
상품을 설계할 수도 있고, 음악, 영화 등 엔터테인먼트 서비스를 제
공할 수 있습니다. 자동차를 팔아 얻을 수 있는 이익보다 소프트웨
어를 팔아 얻는 이익이 더 클 수 있습니다. 스마트폰은 팔면 그만이
지만 각종 어플리케이션을 통해 지불하는 서비스 비용은 무한한 것
과 유사합니다.

자동차 산업이 직면한 새로운 과제

기계 자동차를 만들던 회사들은 자신들의 최대 경쟁력이었던 엔
진은 사용할 수 없게 되고 다룬 적 없는 반도체 설계, 소프트웨어 개
발을 해야 하는 도전에 직면하게 됐습니다. 아직 테슬라 수준의 모빌
리티 플랫폼을 구축한 회사가 없기 때문에 상위 10개 자동차 회사의

시가총액을 합친 것보다 테슬라의 시가총액이 더 큰 겁니다. 테슬라가 아니더라도 니오, 샤오펑 등 스마트 모빌리티 플랫폼을 갖춘 중국 기업들은 GM, 현대차보다 훨씬 높은 가치를 인정받고 있습니다. 자동차 회사가 모빌리티 회사로 전환되는 과정이 주가에 미치는 영향은 매우 큽니다. 그러다 보니 애플카와의 제휴 기대감으로 현대차의 주가가 폭등했다가 폭락하는 일이 생겼던 겁니다.

자동차 산업을 분석할 때는 두 가지를 모두 봐야 합니다. 스마트 모빌리티의 완성도를 높이는 것은 주가에 미치는 영향이 큽니다. 그러면서 스마트 모빌리티 구현을 위한 투자 재원이 되는 기존 자동차 판매도 중요합니다. 기존 자동차 판매가 주가의 기반이 되고 스마트 모빌리티 전환이 주가 레벨업의 계기가 되는 시장은 꽤 오랫동안 이어질 것으로 보입니다.

돈 버는 알짜 지식

배터리와 플랫폼 개발에 앞서는 테슬라

배터리는 매우 비싼 부품입니다. 전체 자동차 원가의 40%에 달합니다. 5000만 원짜리 자동차라면 배터리 가격만 2000만 원에 달한다는 거죠. 또 충전하는 데 시간이 오래 걸리고 에너지 밀도가 낮아서 1회 충전 주행거리가 짧습니다. 이런 한계를 극복하기가 쉽지 않습니다.

테슬라는 1회 충전 주행거리를 600km(모델S 기준) 이상으로 늘렸고 배터리 가격을 절반 이하로 낮추고 생산량을 80배 이상 늘리겠다고 밝혔습니다. 또 내연기관차 플랫폼을 기반으로 전기차를 만들던 다른 자동차 회사들과 달리 전기차에 딱 맞는 전용 플랫폼을 개발해 성능을 높였습니다. 전기차 개발을 머뭇거렸던 글로벌 자동차 회사들은 이제야 전용 플랫폼 기반 전기차를 내놓고 있습니다. 테슬라는 지금 여러 방면으로 앞서고 있는 것이죠.

새롭게 떠오른 주도주, 배터리

전기를 충전하고 내보내는 장치

배터리란 무엇일까요? 단순히 말하자면 전기를 저장하는 장치입니다. 전기는 저장하기가 어렵습니다. 휘발유는 통에 넣으면 저장이 되지만 전기는 안 됩니다. 전기는 화학적인 반응을 통해 저장을 해야 하는데, 물리적인 저장 방식과는 달라서 '충전'이라는 표현을 씁니다. 그리고 충전은 빨리 한다고 되는 것이 아닙니다. 물통에 물을 넣는 물리적 행위는 빨리 할 수 있지만 밥을 먹고 소화를 시키는 화학적 행위는 빨리 할 수 없는 것처럼 말이죠. 따라서 전기를 충전하고 필요할 때 방전을 해서 내보내는 장치를 배터리라고 합니다.

일차·이차·삼차전지의 제조업체

일차전지는 우리가 흔히 건전지라고 부르는 물건입니다. 전자가 음극에서 양극으로 이동하면 전기가 흐릅니다. 일차전지는 방전이 되면 다시 충전되지 않는 일회용 전지입니다. 일차전지를 많이 쓰는 대표적인 곳은 군대입니다. 군대는 전기를 충전할 수 없는 전시 상황을 가정하고 훈련을 하기 때문에 일차전지를 많이 씁니다. 국내 기업으로는 비츠로셀이라는 업체가 있습니다. 글로벌 시장 점유율은 3위입니다.

이차전지는 전기 에너지를 화학 에너지 형태로 바꿔서 저장했다가 필요할 때 전기를 만드는 장치로 축전지라고도 합니다. 납축전지, 니켈카드뮴전지 등이 있었는데 요즘은 리튬이온전지를 많이 씁니다. 스마트폰에 주로 사용되다가 최근에는 전기차에 대량의 이차전지가 탑재되면서 주목받고 있습니다. 국내 기업으로 LG에너지솔루션, 삼성SDI, SK이노베이션이 있고 세계 시장 점유율은 35% 정도입니다.

이차전지가 많은 관심을 받는 것은 전기차 때문입니다. 스마트폰에도 배터리가 들어가지만 규모가 크지 않습니다. 스마트폰 하나에 들어가는 배터리는 10와트시 정도입니다. 스마트폰 100대면 1킬로와트시입니다. 전기차에는 60~70킬로와트시의 배터리가 들어갑니다. 전기차 1대가 사용하는 배터리 크기가 스마트폰 6~7000대에 맞먹는다는 거죠. LG에너지솔루션과 삼성SDI가 이차전지 배터리를 시작한 것은 그룹사의 스마트폰에 납품하기 위해서였습니다. 하지만 전기차 시장이 본격적으로 열리면서 배터리 시장은 스마트폰 시장보다 더욱 크게 성장할 것이라는 전망도 나옵니다.

삼차전지는 연료를 넣으면 전기가 나오는 장치로 연료전지라고도 부릅니다. 연료는 천연가스, 메탄올 등이 있습니다. 발전기와는 다릅니다. 발전기는 연료를 폭발시켜서 터빈을 돌려 전기를 만듭니다. 연료전지는 연료에서 수소를 추출해 산소와 결합해서 전기를 얻습니다. 그래서 수소연료전지라고도 부릅니다. 최근 정부에서 적극적으로 추진하고 있는 수소 경제의 핵심이 수소연료전지입니다. 수소 전기차는 수소를 탱크에 보관해 싣고 다니면서 차 안에 탑재된 연료전지에 공급해 전기를 만드는 방식입니다.

배터리의 모양: 원통형, 각형, 파우치형

배터리는 모양에 따라 원통형, 각형, 파우치형으로 나눕니다. 배터리의 모양은 최종적으로 어떤 형태의 포장을 하는지에 따라 다릅니다. 원통에 넣으면 원통형이고 네모난 알루미늄 상자에 넣으면 각형입니다. 봉지에 넣으면 파우치형이죠. 장단점이 약간씩 있기는 하지만 배터리 자체의 성능은 겉모양에 좌우되지 않습니다. 군이 따지자면 파우치형이 에너지 밀도를 높이는 데는 유리합니다. 원통형은 모아놓으면 원과 원이 마주치는 부분의 공간이 빕니다. 각형은 네모난 상자에 넣을 때 상자 안에 전극을 가득 넣지 못합니다. 파우치형은 봉지를 쌓아놓으면 되기 때문에 공간 활용이 유리합니다. 국내에서 가장 많은 전기차를 생산하는 현대차와 기아는 파우치형 배터리를 사용하고 LG에너지솔루션, SK이노베이션이 배터리를 공급합니다. 원통형은 개발된 지가 오래돼서 안전성이 높습니다. 테슬라가 원통형 배터리를 사용하는 대표적인 전기차 기업이고, 파나소닉이 만듭니다. 각형 배터리는 삼성SDI가 만들고 이를 사용하는 대표적인 기업은 BMW입니다.

배터리의 발전 단계를 보면 원통형이 가장 먼저 나왔고, 파우치형이 가장 최신 방식으로 인정을 받았습니다. 파우치형은 공간 활용이 좋으므로 그만큼 셀을 많이 넣을 수 있고, 에너지 밀도가 높아 주행거리를 늘릴 수 있습니다. 그런데 테슬라가 원통형 배터리 7000여 개를 엮어서 전기차를 만들었습니다. 노트북에 사용하던 배터리로 전기차를 만든다고 하니 모두가 망할 거라고 했습니다. 하나만 불이 나도 걷잡을 수 없을 거라고 했죠.

하지만 원통형 배터리는 개당 에너지 밀도가 높지 않기 때문에 안전성이 높았고 테슬라는 놀라운 배터리 관리 기술로 원통형 배터리의 부활을 이끌었습니다. 최근에는 폭스바겐이 각형 배터리를 자체 생산해 배터리 가격을 절반으로 낮추겠다고 선언해 새로운 국면을 맞이하고 있습니다.

배터리를 모으는 단위: 셀, 모듈, 팩

배터리는 셀cell, 모듈module, 팩pack으로 구분이 됩니다. 가장 작은 단위는 셀입니다. 셀은 제한된 공간에서 최대한의 성능을 갖춰야 합니다. 리튬이온 배터리는 열과 충격에 취약한데 양극과 음극이 만나면 화재가 발생할 수 있습니다. 물을 부어도 꺼지지 않고 오히려 불이 더 커져서 다 탈 때까지 불을 끌 수가 없습니다. 그래서 안전성이 매우 중요합니다. 여러 개의 셀을 열과 진동, 외부 충격으로부터 보호할 수 있도록 묶어서 튼튼한 틀에 넣는데, 이를 모듈이라고 합니다. 그리고 여러 개 모듈을 묶어서 배터리의 온도, 전압 등을 관리해주는 배터리 관리 시스템과 냉각 장치를 탑재한 것을 배터리 팩이라고 합니다.

전기차의 주행거리를 늘리려면 배터리를 많이 실어야 합니다. 자동차라는 한정된 공간에 배터리를 더 많이 싣기 위해 여러 도전이 이어지고 있는데요. 배터리 모듈을 구성하는 프레임의 공간을 줄이기 위해 팩에 직접 배터리 셀을 넣는 기술도 개발되고 있습니다. 셀을 그대로 팩에 넣는다고 해서 셀투팩cell to pack이라고 합니다. 셀투팩을 넘어 자동차 뼈대를 만들 때 배터리를 탑재할 수 있는 공간을 함께 만들면 팩도 필요가 없습니다. 이를 셀투바디cell to body, 셀투새시cell to chassis 등으로 부릅니다. 그렇게 하면 배터리의 무게나 부피를 줄여 주행거리를 늘릴 수 있습니다. 하지만 아직 셀투팩, 셀투바디의 안전성은 검증되지 않았습니다. 테슬라, 폭스바겐 같은 회사가 셀투바디를 추진하겠다고 밝혔고 배터리 회사 중에는 CATL, BYD 등이 셀투팩을 추진하고 있습니다. 배터리의 안전성과 성능은 반비례 관계가 있어서 최적의 지점을 찾아가고 있습니다.

배터리의 성분에 따른 구분

이번에는 배터리의 성분에 대해 알아보겠습니다. 배터리의 양극제는 주로 LFP, NCM, NCMA 등이 쓰입니다. LFP는 리튬, 철, 인산으로 구성되었으며 인산철 배터리라고도 불립니다. 철이 들어가 무겁고 에너지 밀도가 낮아서 1회 충전 주행거리가 짧습니다. 대신 안전성이 높아 화재가 잘 발생하지 않습니다. 중국 저가 전기차에 많이 사용되는 배터리입니다. 이 배터리는 배터리 기술이 한수 떨어지는 중국 업체들이 사용하는 배터리로 인식됐습니다. 최근에는 높은 안전성을 살려 모듈 단계를 건너뛴 셀투백 기술에 활용하려는 시도가 이어지고 있습니다. 모듈 단계를 건너뛰면 셀을 좀 더 촘촘하게 넣어 에너지 밀도를 높일 수 있습니다. 화재 위험은 커지지만, LFP 배터리는 안전성이 뛰어나기 때문에 해볼만 하다는 겁니다.

NCM은 니켈, 코발트, 망간으로 구성이 됩니다. 622, 811 등 숫자가 뒤에 붙기도 합니다. 622는 니켈 60%, 코발트 20%, 망간 20%, 911은 니켈 90%, 코발트 10%, 망간 10%로 구성되었다는 의미입니다. NCMA는 니켈, 코발트, 망간에 알루미늄을 더한 배터리입니다.

NCM 배터리는 에너지 밀도는 높지만 안전성이 상대적으로 떨어지기 때문에 좀 더 고도의 기술력이 필요합니다. 한국의 LG에너지솔루션, 삼성SDI, SK이노베이션이 채택하고 있습니다. 니켈을 많이 쓰면 에너지 밀도를 더 높일 수 있는데 이를 하이니켈 배터리라고 합니다. 하이니켈 배터리는 대부분의 배터리 기업들이 차세대 배터리로 개발하고 있습니다. 그러나 코발트 함량을 낮추면 안전성이 더 낮아진다는 단점이 있습니다. 또 코발트는 내전이 심한 콩고에서 대부분 생산이 됩니다. 코발트는 분쟁광물*로 지정돼 있고 채굴하는 과정에서 아동 노동 착취, 인권 탄압 논란이 있어서 적게 사용하는 방향으로 진화하고 있습니다.

| **분쟁광물** | 분쟁지역에서 생산되는 산업용 광물. 탄탈륨, 망간, 게르마늄 등이 대표적이며, 자동차·휴대폰·PC 등에 들어가는 부품의 주요 원료로 사용된다.

에너지 밀도를 높이면서 안전성을 확보할 수 있는 최적의 비율을 찾기 위한 배터리 회사들의 노력이 이어지고 있습니다. 액체 전해질을 고체로 바꾸는 전고체 배터리를 향한 도전도 있습니다. 양극과 음극 사이에는 이온을 이동시키는 전해질이 있습니다. 양극과 음극이 만나면 화재가 발생하기 때문에 이온을 이동시키면서도 양극이 닿지 않도록 하는 것이 관건입니다. 전해질이 고체가 되면 화재 발생 가능성이 훨씬 낮아지고 에너지 밀도를 높일 수 있습니다. 에너지 밀도와 안전성을 극대화할 수 있어서 궁극의 배터리로 주목받고 있습니다. 하지만 액체보다 고체는 이온이 이동하기가 힘들어서 상용화를 할 수 있을지 불투명합니다.

전 세계적으로 전고체 배터리 관련 특허를 가장 많이 가진 업체는 일본 도요타입니다. 현대차와 삼성SDI는 2025년까지 전고체 배터리를 개발하고 2027년부터 양산할 계획이며, 폭스바겐은 퀀텀스케이프와 전고체 배터리를 개발해 탑재할 계획이라고 합니다.

배터리는 어떻게 만들어질까?

배터리는 NCM을 섞어서 양극을 만듭니다. 양극재를 만드는 업체는 에코프로비엠, 엘엔에프, 포스코케미칼 등이 있습니다. 양극재는 얇은 알루미늄 박 위에 올려지는데, 알루미늄 박은 롯데알미늄, 삼아알미늄, 동일알미늄이 만듭니다. 음극은 흑연을 사용하고 에너지 밀도를 높이기 위해 실리콘을 일부 첨가합니다. 포스코케미칼이 만들고 실리콘 첨가제는 대주전자재료가 만듭니다. 음극은 얇은 구리에 올려지며 동박은 솔루스첨단소재, 일진머티리얼이 만듭니다. 양극과 음극 사이에는 이온이 이동시키는 전해액이 있고 전해액은 동화기업, 솔브레인 등이 만듭니다. 또 양극과 음극은 둘이 만나면 불이 나기 때문에 이를 분리하는 분리막을 SK이노베이션의 자회사인 SK아이이테크놀로지가 만듭니다.

배터리 제조 과정은 세 겹짜리 화장지를 생각하시면 됩니다. 양극, 분리막, 음극을 세 겹으로 붙여서 만들고 사이즈에 맞춰 자릅니다. 그걸 상자에 넣으면 각형, 봉지에 넣으면 파우치형, 원통에 넣으면 원통형 배터리가 됩니다.

　배터리를 만드는 것 자체는 어렵지 않습니다. 수작업으로도 만들 수 있습니다. 하지만 신속하면서 대량으로, 그리고 균질한 성능이 나오도록 공정을 만드는 것이 매우 어렵습니다. 불량품이 하나라도 잘못 들어가면 코나 전기차 화재 사건과 같은 사고로 이어질 수 있습니다. 전체 자동차 시장에서 전기차의 침투율은 5% 남짓에 불과합니다. 전기차 시장의 확장은 불 보듯 뻔하며, 전기차에서 가장 비싼 부품인 배터리 시장 역시 고성장을 예고하고 있습니다.

무겁지만 한번 가면 쭉쭉 가는 철강

익숙하지만 잘 모르는 산업, 철강

철강은 우리에게 너무나 익숙한 산업이지만 상대적으로 잘 모르는 산업이기도 합니다. 우리 주변을 둘러보면 철이 없는 곳이 없습니다. 하지만 우리가 철강으로 만든 제품을 직접 사서 사용할 일은 없습니다. 대표적인 철강 회사는 포스코, 현대제철이 있습니다. 철강 제품은 평평한 판재와 둥글고 긴 봉형강으로 구분이 됩니다. 철강 산업은 철광석을 녹여 철을 만드는 공정입니다. 철광석의 최대 수출국은 호주, 브라질입니다. 따라서 호주, 브라질에 문제가 생기면 전체적인 철강 가격이 올라갑니다.

철광석에는 철이 약 60% 정도 함유돼 있습니다. 철광석과 석탄을

찐 코크스를 100미터 높이의 용광로인 고로에 넣습니다. 철광석과 코크스를 넣고 약 1200도의 뜨거운 공기를 불어 넣으면 철광석에서 철이 녹아 내려 쇳물과 불순물로 분류됩니다. 그러면 불순물을 걸러 내고 일정한 형태로 철을 굳힙니다. 납작한 판 형태로 굳히면 판재가 되고 철근과 같은 원통형으로 굳히면 봉형강이 됩니다.

철강제품의 종류

가장 기본이 되는 제품은 판재 중에서 열연강판입니다. 네모난 철판을 눌러서 3~5밀리미터 두께의 납작한 형태로 만든 판재가 열연강판입니다. 열연강판은 표면이 거칠기 때문에 사람들 손에 직접 닿지 않는 건축 자재 등에 사용이 됩니다. 납작한 열연강판을 둥글게 말면 파이프, 강관이 됩니다.

열연강판을 실온에서 더 얇고 매끈하게 가공하면 냉연강판이 됩니다. 냉연강판은 손이 닿는 자동차, 가전제품 등에 사용됩니다. 냉연제품 표면에 아연 등을 입힌 도금제품은 고급 가전제품, 사무기기, 자동차 외장제 등에 쓰입니다. 냉연강판은 열연강판을 가공해서 만드는 제품이기 때문에 수익성이 더 높습니다.

열연강판처럼 납작하게 만들지 않고 20밀리미터 이상 두껍게 만든 제품을 후판이라고 합니다. 주로 조선사에서 선박 건조를 할 때 사용하고 빌딩 건축에도 쓰입니다. 또 원유 송유관 등 두꺼운 파이프를 만들 때도 후판이 쓰입니다. 뉴스를 보면 조선사와 철강사가 후판 가격을 놓고 협상하고 있다는 소식이 주기적으로 등장합니다. 후판 가격이 오르면 철강사가 이익을 보고 후판 가격이 내려가면 조선사가 이익을 봅니다. 한국 조선업이 혹독한 구조조정을 겪을 때는 철강사들이 후판 가격을 인상하지 않으면서 조력하기도 했습니다.

스테인리스 공정은 별도로 철에 니켈과 크롬을 첨가해서 만듭니다. 주방용품과 의료기기, 건축물의 외벽 등을 만드는 데 사용됩니다. 철근처럼 둥근 원통형으로 뽑아내는 봉형강도 있습니다. 둥근 원통형이 아니라 단면을 H 모양으로 뽑으면 H빔이 됩니다.

고부가가치 철강제품

주요 철강제품을 만드는 1위 기업은 포스코이고, 형강은 현대제철이 1위입니다. 특히 기차 레일을 만드는 형강은 현대제철이 유일하게 만들고 있습니다. 그래서 북한 관련 기차 테마주가 인기를 끌 때 레일을 만드는 현대제철 주가가 탄력적으로 움직입니다.

철광석은 녹이는 방식에 따라 고로와 전기로로 구분이 됩니다. 고로는 앞서 설명한 100미터 높이의 용광로에 석탄을 이용해 뜨겁게 녹이는 방식입니다. 전기로는 철광석이 아니라 이미 한 번 사용한 고철을 전기로 녹여서 쇳물을 만드는 설비입니다. 고철은 다양한 철강제품을 재활용하기 때문에 불순물이 있어서 고급 제품을 만들 수는 없습니다. 전기 요금이 싼 국가에서는 전기로를 사용합니다.

여러 가지 철강제품 중에 추가적인 공정을 거친 제품들이 고부가 가치 제품입니다. 열연강판보다는 냉연강판이, 냉연강판보다 아연 도금제품이 더 부가가치 제품입니다. 또 기가스틸로 대표되는 초고 장력 강판 등은 철강에 망간 같은 다른 물질을 넣어서 만든 제품으로 수익성이 좋습니다. 철강 회사들은 중국 철강사들의 저가 공세를 방 어하기 위해 고부가가치 철강제품 생산에 공을 들이고 있습니다.

중국에서 시작해 중국에서 끝나는 철강 시황

철강 시황은 중국에서 시작해 중국에서 끝난다고 해도 과언이 아 닙니다. 철강 회사의 주가를 분석하려면 철강 회사 실적보다 중국 철 강 가격을 보는 게 더 직관적입니다. 글로벌 철강 수요는 약 18억 톤 이며 이 중 절반인 9억 톤은 중국이 사용합니다. 선진국이 4억 톤 초 반을 사용하며 유럽 1.7억 톤, 미국 1억 톤, 일본 6000만 톤 순입니 다. 신흥국은 4억 톤 후반을 사용하는데 인도 1억 톤, 아세안 5개국 8400만 톤, CIS 6000만 톤 순입니다.

중국은 쓰기도 많이 쓰지만 수출도 많이 합니다. 중국의 2019년 기준 철강 수출 규모는 약 6400만 톤으로 1위입니다. 일본 3300만 톤, 한국 3000만 톤 순입니다. 한국은 수출 기준 3위, 수입 기준 5위 국가입니다. 한국의 연간 수요는 6000만 톤 정도입니다. 중국의 수출 물량이 한국의 연간 사용량과 맞먹는다는 거죠. 중국이 워낙 많은 수량을 소비하고 수출하다 보니 중국 철강 가격이 전 세계 철강 가격의 표준이 됐습니다. 철강 가격은 고객사와 협상을 통해 최종 결정이 되지만 대부분 중국 철강 가격 변동에 따라 협의가 됩니다.

철강 회사의 순위를 볼까요? 1위는 아르셀로미탈로 약 9700만 톤을 생산합니다. 아르셀로미탈은 유럽 각국의 국영 철강사들이 합쳐져 만들어진 철강사입니다. 2위는 중국의 바오산강철로 9500만 톤을 생산합니다. 바오산강철과 우한강철이 합병해 만들어진 중국 최대 철강사입니다. 3위는 일본제철로 5100만 톤을 생산합니다. 일본제철은 신일본제철과 스미토모 금속공업을 합병한 회사입니다. 철강사들은 규모의 경제 효과를 누리기 위해 인수합병을 거듭했습니다. 4000만 톤을 생산해 생산량 기준 5위를 차지하고 있는 포스코는 상위권 철강사 중에 유일하게 인수합병 없이 독자적으로 몸집을 키운 회사입니다.

포스코의 변화와 성장 가능성

이미 성숙기에 진입한 철강 산업은 추가적인 성장보다는 인수합병을 통해 비용을 줄이는 방식으로 경쟁력을 높이고 있습니다. 경쟁사들이 합병을 통해 1억 톤 철강사로 나아가는 와중에 포스코가 지금처럼 독자적인 성장만으로 경쟁에서 살아남을 수 있을지는 불투명합니다. 그런데도 포스코는 낮은 품질의 원료로 고품질의 철강제품을 뽑아내는 기술력이 뛰어납니다. 철강 회사의 실적 중에 철강이 차지하는 비중이 압도적이다 보니 개별 회사의 경쟁력에 따라 주가가 변동되는 일은 별로 없습니다.

철강 산업은 1년에서 1년 반가량의 사이클을 거치며 시황과 주가가 움직입니다. 대표적인 경기 민감 산업입니다. 철강 회사들은 이미 성숙기에 접어든 철강 산업 이외에 추가적인 성장동력을 만들기 위해 노력하고 있습니다.

포스코는 사업구조를 녹색&모빌리티 중심으로 전환하고 있습니다. 전기차에 필요한 고부가가치 경량화 소재는 물론 이차전지 소재, 수소 등 친환경 사업을 적극적으로 추진하고 있습니다. 이차전지 소재의 원료가 되는 리튬, 니켈, 흑연 등을 광산에서 채굴하는 데서부터 양극재, 음극재를 만드는 것도 포스코 그룹 계열사들이 수행하고 있습니다. 또 수소 전기차에 들어가는 연료전지 분리판도 포스코가 개발해 공급하고 있습니다.

포스코의 주가는 주가순자산비율 0.4~0.6배 수준에서 벗어나지 못했습니다. 철강이라는 탄탄한 캐시카우에 모빌리티 소재 업체의 성장성이 더해지면 철강사에 새로운 전기를 마련할 수 있을 것으로 보입니다.

비철금속 관련 기업과 주가

구리, 알루미늄, 아연, 납, 니켈, 주석을 6대 비철금속이라고 합니다. 비철금속의 대장주는 구리이며 대부분 구리 가격을 추종합니다. 비철금속은 채굴하는 광산업자, 이를 녹이고 불순물을 제거하는 제련업자, 사용하는 업자로 나뉩니다.

대표적인 제련업체로는 LS니꼬동(구리), 고려아연(아연, 납) 등이 있습니다. 가공업자는 풍산(구리), LS전선(구리), 알루코(알루미늄), 포스코(도금강판), 세방전지(납축전지), 현대비앤지스틸(스테인리스) 등이 있습니다. 비철금속은 세계 최대 비철금속 거래소인 런던 금속 거래소LME, London Metal Exchange 가격으로 거래가 됩니다. 비철금속 회사의 주가는 굳이 복잡하게 계산할 필요는 없습니다. 대부분 철강 시황과 함께 움직이기 때문입니다. 큰 틀에서 철강 시황을 보며 개별 회사별 이벤트를 점검해 보면 됩니다.

글로벌 1위 한국 조선, 어두운 터널은 길다

조선업과 주요 선박들

조선업은 선박과 해양플랜트를 만드는 산업입니다. 선박은 물건을 실어 나르는 배이고, 해양플랜트는 바다 위에 세워진 공장으로 주로 원유를 뽑아 정제하는 공장입니다. 한국 전체 수출의 7% 내외를 차지하며 경제에 미치는 영향이 큽니다. 한국 수출을 좌우하는 반도체 수출 비중이 20% 내외라는 점을 고려하면 만만치 않은 비중이죠.

조선은 매우 노동 집약적인 산업으로 많은 일자리를 창출하고 있습니다. 혹독한 구조조정을 거쳤음에도 불구하고 10만 5000여 명이 조선업에 종사하고 있습니다. 조선사가 만드는 선박은 벌크선, 탱커선, 컨테이너선, 가스선 등 크게 네 종류입니다.

• 벌크선

벌크선은 철강, 목재, 석탄 등 원자재를 운송하는 선박입니다. 대표적인 선종은 VLOC_{Very Large Ore Carrier}입니다. 매우 큰 광석 운반선이라는 의미입니다. 브라질, 호주에 있는 거대 광산에서 광석을 운반할 때 쓰입니다. 벌크선은 설계가 단순해 기술 장벽이 높지 않습니다. 그러다 보니 대부분 인건비가 싼 중국 조선사들이 수주합니다.

• 탱커선

탱커선은 원유, 석유화학 등 액체 물질을 운송하는 선박입니다. 대표적인 선박은 VLCC_{Very Large Crude oil Carrier}로 20~30만 톤의 원유를 운송할 수 있는 매우 큰 유조선입니다. 이보다 더 큰 유조선은 ULCC_{Ultra Large Crude oil Carrier}라고 합니다. 석유화학 제품을 운반하는 선박은 PC_{Product Carrier}라고 합니다. 크기별로 나눠보면 파나막스 급은 기존 파나마 운하를 통과할 수 있는 6~7만 톤 급 선박이고, 수에즈막스 급은 수에즈 운하를 통과할 수 있는 13~15만 톤 급 선박입니다. 대형 선박의 크기는 표준 화물선 환산 톤수, CGT_{Compensated Gross Tonnage}라는 단위를 씁니다. CGT는 선박의 가공공수, 설비력, 선가, 부가가치 등을 반영한 톤수입니다. 운송화물이 다양화되고 선형도 복잡해지면서 단순히 무게만 의미하는 톤수로는 비교가 어려워졌기 때문에 생겨난 지표입니다.

• 컨테이너선

컨테이너선은 가구, 가전 등 다양한 소비재 등을 운반하는 선박입니다. 컨테이너선 단위는 일반적으로 TEU_{Twenty foot Equivalent Unit}를 씁니다. 단어 그대로 20피트짜리 컨테이너를 몇 개 실을 수 있느냐는 의미입니다. 최근 HMM이 12척을 인도받아 운영하는 2만 4000TEU 급 컨테이너선은 20피트짜리 컨테이너 2만 4000개를 실을 수 있다는 거죠. 컨테이너를 일렬로 세우면 1406킬로미터, 부산항에서 중국 상해항까지 세울 수 있는 길이입니다. 엄청난 규모죠. FEU_{Forty foot Equivalent Unit}라는 개념도 쓰는데, 이는 40피트짜리 컨테이너를 몇 개 실을 수 있느냐는 의미입니다.

• 가스선

한국 조선사들의 압도적인 경쟁력을 가진 선종은 LNG, LPG를 운반하는 가스선입니다. 뉴스에는 LNG선이라고 나오는 선박이 천연가스를 운반하는 LNG 운반선입니다. 천연가스는 기체이기 때문에 부피가 매우 큽니다. 액화를 하면 부피가 600분의 1로 줄어들지만 액화를 하면 -163도로 유지를 해야 합니다. 이는 기술적으로 매우 어렵습니다. 이를 위해 보냉재를 만드는 회사는 한국카본, 동성화인텍 등이 있습니다.

조선 시황은 글로벌 경기의 바로미터

글로벌 조선업 시장은 한국, 중국, 일본이 전체 수주의 95%를 차지하고 있습니다. 일부 국가에도 조선사가 있긴 하지만 해당 국가나 특수관계인이 자체 발주를 하는 물량을 수주하는 경우가 대부분이라 한중일 간의 경쟁이라고 보면 됩니다. 선박 발주량은 벌크선과 탱커선이 많고 가격은 컨테이너선, 가스선이 높습니다. 벌크선과 탱커선은 중국 조선사들이 수주를 많이 하기 때문에 한국 조선사가 수혜를 보려면 컨테이너선, 가스선 발주가 많아야 합니다.

조선은 글로벌 단일 시장으로 전 세계 물동량에 따라 업황이 좌우됩니다. 건설, 토목 등 인프라 투자가 이뤄지고 원자재 수요가 증가하면 벌크선 발주가 늘고, 원유와 석유화학 수요가 늘면 탱커선 발주가 늘어납니다. 미국, 유럽 등 선진국 경기가 살아나 소비재, 내구재 판매가 늘면 컨테이너선 발주가 늘어납니다. 조선 시황은 글로벌 경기의 바로미터라고 할 수 있습니다.

조선업의 실적 인식 구조

조선업은 실적 인식 구조가 특이합니다. 자동차는 만들어 팔면 매출과 이익이 발생합니다. 조선업은 주문을 받으면 3년에 걸쳐 만드는 수주 산업이기 때문에 매출 인식 방식이 다릅니다. 단순히 설명하면 3000억 원짜리 선박을 수주해서 3년 동안 만들면 1년에 1000억 원씩 인식하는 식입니다. 조선업 주가를 좌지우지하는 것은 수주입니다. 수주를 하면 앞으로 조선사가 얼마나 돈을 벌게 될지를 추정할 수 있기 때문입니다. 수주 이후 매출은 선박 공정이 진행된 이후에 발생합니다. 매출이 발생하는 건 한참 뒤이기 때문에 주가에 영향을 크게 미치지 않습니다.

다만 수주 이후 공정 과정에서 예상하지 못한 대규모 손실이 발생하는 경우가 있습니다. 너무 낮은 가격에 수주한 뒤 공정이 진행되는 과정에서 실적을 인식할 때 손실이 드러납니다. 2016년 대우조선이 대규모 적자를 기록하며 구조조정을 진행한 것이 그런 경우입니다. 조선업을 볼 때 가장 중요한 지표는 수주 잔고입니다. 수주 잔고는 몇 년 치 일감을 가졌는지를 의미합니다. 현대중공업은 연간 50여 척을 만들 수 있습니다. 2021년 4월 기준 수주 잔고가 105척입니다. 그러면 약 2년 정도 건조할 선박 수주를 확보했다는 겁니다. 현대미포조선은 연간 60여 척을 만들 수 있는데, 수주 잔고가 124척입니다.

가격 협상력의 기준

수주 잔고가 얼마나 있느냐에 따라 조선사와 선주사의 가격 협상력이 달라집니다. 일감이 별로 없으면 저가에라도 아쉬운 소리를 해가면서 일감을 확보해야 합니다. 반면에 일감이 충분하다면 더 높은 가격을 제시하는 수주만 골라서 받을 수 있습니다. 수주 잔고와 함께

봐야 하는 것은 선박 가격입니다. 일감이 부족해 낮은 가격에 수주를 받아 일감을 채우고 있다면 당장 수주는 늘어나는 듯 보이지만 나중에 실적 인식 과정에서 손실이 발생할 수 있습니다. 선박 가격이 오르는 상황에서 수주 잔고가 높아져야 알찬 수주라고 볼 수 있습니다.

일반적으로 수주 잔고가 낮아지면 저가수주라도 해서 일감을 확보하고, 어느 정도 일감을 확보하고 나면 선박 가격이 올라가는 흐름을 보입니다. 일반적으로 조선사와 선주사의 가격 협상력이 달라지는 변곡점을 수주 잔고 2년 치로 봅니다. 중고선 가격도 중요한 지표가 됩니다. 선박은 주문하면 최소 2년은 기다려야 하기 때문에 단기적으로 시황이 개선되면 당장 사서 쓸 수 있는 중고선 가격이 먼저 움직입니다. 중고선 가격은 신규 선박 가격을 선행하는 경향이 있으니 중고선 가격의 변화도 잘 살펴보면 좋습니다.

놓치지 말아야 할 환경 규제

최근에는 환경 규제도 조선업의 중요한 투자 포인트가 됐습니다. 선박이 친환경 규제를 맞추는 방식은 세 가지가 있습니다. 오염물질을 걸러내는 스크러버를 달거나, 황 함유량이 적은 저황유를 쓰거나, LNG를 연료로 사용하는 선박을 만드는 것입니다. 스크러버는 기존 선박에 탑재할 수 있어서 당장 환경 규제를 맞춰야 하는 노후 선박에서 사용합니다. 또 연료 가격은 비싸지만 당장 활용할 수 있는 저황유를 사용하는 선박도 많습니다.

LNG 추진선은 엔진 자체를 바꿔야 해서 신규 발주를 할 때 나옵니다. LNG 추진선이 대세가 되려면 LNG를 충전하는 시설인 벙커링도 있어야 해서 보급이 더딜 수밖에 없습니다. LNG선 분야에서 한국은 압도적인 경쟁력을 갖고 있습니다. LNG 인프라가 구축되고 벌크선, 컨테이너선도 LNG 엔진을 사용하는 시점이 오면 LNG 분야에 대한 경쟁력이 있는 한국 조선사가 큰 수혜를 보게 될 전망입니다.

미래 친환경 에너지, 수소 한국이 간다

친환경 에너지 산업, 수소

수소는 친환경 에너지 산업입니다. 수소는 에너지를 만들고 오염 물질을 배출하지 않기 때문에 친환경 에너지로 꼽힙니다. 수소는 산소와 만나 전기를 발생시키고 부산물은 물밖에 없습니다. 수소와 산소를 결합하는 장치를 연료전지라고 합니다. 연료전지를 탑재하고 거기서 나온 전기로 달리는 자동차를 수소연료전지 자동차라고 하며 흔히 수소 전기차라고 부릅니다.

수소는 미국과 소련이 우주 개발 경쟁을 하던 때부터 신에너지로 주목받았습니다. 하지만 여전히 대중적인 에너지는 아닙니다. 가격이 비싸고 인프라가 미비하기 때문입니다. 그럼에도 수소가 다시 주목받는 이유는 에너지 전환을 통해 기후 위기에 대응하고자 하는 움직임 때문입니다. 대표적인 친환경 에너지는 전기입니다. 전기는 사용하기 편리하고 오염물질을 배출하지 않는 매우 훌륭한 에너지입니다. 우리가 가정과 회사에서 전기를 보편적으로 사용하는 것도 이러한 전기의 특징 때문입니다. 기후 위기 대응의 핵심은 이산화탄소 배출량을 줄이는 겁니다. 이산화탄소는 석탄, 석유, 가스 같은 화석연료를 사용할 때 가장 많이 배출됩니다. 이산화탄소 배출량을 줄이려면 화석연료를 사용하고 있는 자동차, 공장, 발전소, 보일러 등의 연료를 전기로 바꿔야 합니다. 또 전기를 생산할 때 사용하는 가스, 석탄, 석유 등을 줄여야 하죠.

친환경적 전기 생산의 한계

화석연료를 사용하지 않고 전기를 생산하려면 풍력, 태양광 등 재생에너지를 늘려야 합니다. 재생에너지는 화석연료에 비해 비싸기 때문에 늘리는 것이 만만치 않습니다. 오랫동안 많은 투자가 이뤄지면서 재생에너지 생산 비용은 점차 낮아졌고 보급률도 높아지고 있습니다. 하지만 재생에너지는 약점이 있습니다. 재생에너지가 충분히 많이 생산되는 공간과 시간이 한정돼 있다는 겁니다. 태양광은 태양이 많은 지역에서 낮에만 전기를 생산할 수 있습니다. 풍력은 바람이 많은 지역에서 바람이 많이 불 때만 전기를 생산할 수 있습니다.

전기 자체에도 약점이 있습니다. 보관과 운송이 매우 어렵다는 점입니다. 먼 거리를 송전하려면 매우 높은 전압으로 해야 하고, 저장은 배터리로 하는데 충전을 할 때 시간이 오래 걸리고 저장 가능한 용량이 크지 않습니다. 또 전기는 송전, 저장할 때 손실도 큽니다.

한국은 국토가 좁기 때문에 그나마 전기 배전망이 전국적으로 깔렸습니다만 국토가 넓은 미국, 중국, 유럽은 전국적인 배전망을 까는 것도 만만치 않습니다. 가뜩이나 저장과 운송이 잘 안 되는데, 재생에너지는 생산되는 지역도 한정되어 있고 주기도 불안정하니 필요할 때 필요한 곳에서 전기를 생산하는 화석연료를 대체하기에는 한계가 있습니다. 심지어 재생에너지 비중이 20%에 도달한 제주도의 경우에도 재생에너지가 과잉 생산이 될 때 쓸 곳이 없어서 발전기를 멈추는 일이 자주 발생합니다. 육지로 전기를 보내지도 못합니다.

전기의 한계를 보완해줄 파트너, 수소

수소는 에너지원이지만 에너지의 운송과 저장수단으로 각광받고 있습니다. 전기로 물을 분해하면 수소와 산소가 나옵니다. 재생에너지가 많이 나오는 곳에서 많이 나오는 시간에 전기로 수소를 만들고 가스통에 저장하면 원하는 시간과 장소에서 사용할 수 있습니다. 재생에너지의 한계를 보완해줄 파트너인 거죠. 그래서 유럽은 친환경 에너지 전환 정책의 일환으로 수소 산업 육성을 다루고 있습니다.

수소는 전 우주 질량의 75%를 차지한다고 하지만 자연 상태에서 순수한 수소로 존재하지 않습니다. 다른 물질과 붙어 있다는 건데요. 대표적인 곳이 화석연료와 물입니다. 화석연료는 '탄소+수소'로 구성이 돼 있고, 물은 '산소+수소'로 구성이 돼 있습니다. 현재 기술로 저렴하게 수소를 만들려면 화석연료에서 수소를 뽑아내야 합니다. 이걸 '개질'이라고 하는데, 단어가 어려워서 추출이라고도 씁니다. 화석연료에서 수소를 추출하면 탄소가 남아 이산화탄소가 배출됩니다. 이산화탄소는 온실가스이기 때문에 개질 방식이 바람직하진 않습니다. 그렇게 만든 수소를 회색 수소 또는 그레이 수소라고 합니다.

화석연료에서 수소를 추출할 때 배출되는 이산화탄소를 붙잡아 가둬두거나 다른 소재로 이용할 수 있습니다. 이렇게 이산화탄소를 붙잡으며 만든 수소를 파란 수소 또는 블루 수소라고 합니다. 이산화탄소가 공기 중에 덜 배출되기 때문에 상대적으로 친환경적입니다. 하지만 모든 이산화탄소를 붙잡을 수 없고, 붙잡은 이산화탄소를 어떻게 활용할지 불분명하다는 한계가 있습니다. 가장 친환경적인 방식은 물을 전기 분해해서 얻는 수소이며, 이를 그린 수소라고 합니다. 그린 수소를 활용하는 것이 가장 바람직하지만, 아직 기술적 완성도가 높지 않고 가격이 비싸서 활용도가 높지 않습니다.

수소는 화석연료처럼 자동차에 넣어서 사용할 수도 있고 가정에서 보일러처럼 활용할 수도 있습니다. 가스관에서 천연가스를 받아 전기를 만드는 가스 발전소처럼 수소를 받아 전기를 만드는 수소 발전소로도 활용할 수 있죠. 수소 산업이 발전하려면 수소를 사용하는 곳이 많아야 합니다.

수소를 사용하는 곳이 많아지려면 충분히 많은 수소가 저렴하게 공급돼야 합니다. 마치 닭이 먼저냐 달걀이 먼저냐의 논쟁처럼 자동차 회사는 수소가 없어서 수소차를 못 만든다고 하고, 수소 생산업체는 수소를 사용하는 수소차가 없어서 수소를 못 만든다고 합니다. 그래서 전 세계 정부들은 단기적으로는 수소를 활용할 수 있는 장치를 사용할 수 있도록 그레이 수소, 블루 수소를 먼저 생산해 수소 생태계를 조성하고 중장기적으로는 그린 수소를 보급하는 계획을 갖고 있습니다.

수소 전기차에 가장 중요한 부품은?

한국은 수소 산업 중에서도 수소 전기차 산업에 강점이 있습니다. 현대차는 1999년 수소 전기차 개발을 시작해 2013년 세계 최초의 양산형 수소 전기차를 출시했고 2018년 차세대 수소 전기차 넥쏘를 출시했습니다. 대중적으로 알려진 것은 현대차의 수소 전기차뿐이지만 수소 전기차를 만들기 위한 수많은 부품을 만드는 기업들도 한국에 있습니다. 십여 년 동안 수소 전기차를 함께 개발해왔기 때문에 이들의 기술력도 세계적인 수준입니다. 넥쏘에 부품을 납품하는 업체들은 최근 수소 전기차를 개발하고 싶어 하는 외국 업체들의 러브콜을 받고 있습니다.

수소 전기차에서 가장 중요한 부품은 연료전지 스택입니다. 연료 전지 스택은 단순히 보면 햄버거처럼 양쪽에 빵이 있고 가운데 패티 가 있는 구조입니다. 햄버거를 겹겹이 가로로 붙인 형태를 생각하시 면 됩니다. 빵에 해당하는 부분이 분리판이고 현대제철, 세종공업(자 회사 세종이브이)에서 만듭니다. 세종공업은 수소가 노출될 경우 이 를 감지하는 센서도 만듭니다. 분리판과 분리판 사이에 패티가 있 는 곳에는 산소와 수소를 만나게 해주는 막전극접합체MEA, Membrane Electrode Assembly가 있습니다. 분리막과 전극으로 구성이 되며 분리막 은 고어, 도레이 등 외국 회사가 만들고 국내 회사로는 상아프론테크 가 개발에 성공했습니다. 또 분리판에서 기체가 외부로 나가지 않도 록 밀봉을 하는 가스켓은 평화오일씰의 자회사 PFS에서 만듭니다.

수소 연료전지에서는 전기와 함께 열이 발생하기 때문에 열 관리 가 중요한데 이를 위한 열 관리 시스템TMS, Thermal management system 부품은 인지컨트롤스가 만들고 인지그룹 계열사인 넥스플러스는 분 리판, 다공체 등을 만듭니다. 수소와 산소가 만나면 물이 생겨서 습 도 관리가 중요한데 가습기는 코오롱인더스트리가 만듭니다. 이런 부품들을 모아서 현대모비스는 세계 최초, 최대 수소 연료전지 일관 공정을 갖추고 있습니다. 수소 탱크는 일진복합소재가 만들고 수소 탱크를 감고 있는 탄소섬유는 지금은 도레이가 만들고 있는데, 효성 첨단소재가 양산 공장을 짓고 있습니다. 현재 넥쏘 부품을 만드는 국내 업체는 약 300여 곳에 달하며 국산화율은 99%입니다. 1%는 스택 안에서 산소와 수소를 넓게 퍼트려 반응을 잘 하도록 하는 기체확산층GDL, Gas Diffusion Layer이라는 부품입니다. 기체확산층은 현재 독일 SGL사의 제품을 쓰고 있고 국내 업체 JNTG가 국산화해서 수소 버스부터 탑재되고 있습니다.

수소 산업 인프라가 구축되려면?

수소 산업이 어려운 이유는 개별 상품의 원가가 비싸기도 하지만 모든 인프라가 미흡하기 때문이기도 합니다. 화석연료는 생산, 저장, 운송, 사용까지 모든 인프라가 구축돼 있습니다. 그러나 수소는 수소의 생산부터 최종 소비자에 이르기까지 인프라가 없으므로 모든 곳에 생태계를 새로 만들어야 합니다.

주요 대기업들은 수소 생산 계획을 잇달아 발표하고 있습니다. 포스코는 제철 공정에서 발생하는 부생수소와 천연가스를 이용해 연간 7000톤의 수소를 생산하는 능력을 갖췄습니다. 또 2025년까지 수소 생산 규모를 7만 톤으로 확대하고, 2050년에는 500만 톤 생산 체제를 구축할 예정입니다. 포스코는 넥쏘에 들어가는 연료전지 분리판 소재도 생산하고 있습니다. SK그룹은 2023년까지 SK인천종합화학에 3만 톤 규모의 액화수소 플랜트를 구축하고 2025년에는 25만 톤의 수소 생산 능력을 확충하겠다는 계획을 발표했습니다. 현대제철도 현재 3500톤의 부생수소를 생산하고 있고 이를 연간 4만 톤까지 확대할 예정입니다. 수소 생산이 늘어나면 현재 1킬로그램당 7000원 가량 되는 수소 가격이 5000원대로 낮아질 것으로 보입니다. 정부는 수소 경제 로드맵에서 수소 가격을 2040년까지 3000원을 달성하겠다고 밝혔습니다.

연료전지 발전 분야의 미래는?

수소를 가장 많이 사용할 것으로 예상되는 분야는 연료전지 발전입니다. 연료전지 발전 분야는 다른 발전소와 마찬가지로 전기를 만들어 가정과 기업에 공급하는 역할을 합니다. 연료전지 발전은 전기와 열이 나오기 때문에 전기와 함께 온수를 가정에 공급할 수 있습니다. 열까지 활용하면 효율이 80%로 매우 높습니다. 발전에 사용하는 연료전지를 만드는 대표적인 회사는 두산퓨얼셀입니다. 두산퓨얼셀은 세계 최초로 발전용 연료전지를 만든 미국 UTC의 발전 사업부의 기술을 갖고 있습니다. 이전에는 포스코에너지가 국내 점유율 1위 업체였는데 현재는 유지보수 정도만 하고 있습니다.

미국 블룸에너지와 SK건설이 합작해 만든 블룸SK퓨얼셀과 코스닥 상장사 미코도 발전용 연료전지를 만듭니다. 연료전지는 빌딩에서도 사용할 수 있습니다. 빌딩에 연료전지를 설치하고 가스를 공급하면 전기와 열을 빌딩에 공급할 수 있습니다. 공공기관은 새로 건물을 지으려면 신재생 에너지를 30% 이상 의무적으로 확보해야 합니다. 이 비율은 해가 갈수록 점차 높아질 예정입니다. 이를 달성하려면 건물에 풍력 터빈을 설치하거나 태양광 패널을 덮어야 하는데, 공간을 많이 차지하지만 연료전지는 부피가 작아서 건물 지하에 설치할 수 있습니다. 빌딩용 연료전지는 에스퓨얼셀이 만듭니다. 현대로템은 도심지상철도 수소트램을 개발하고 있고, 가스에서 수소를 추출하는 개질기를 만들고 있습니다. 한화솔루션은 물에서 수소를 뽑아내는 수전해 설비를 개발하고 있습니다.

한국의 주요 산업이 될 수소 산업

이밖에 수많은 업체가 수소 관련 연구와 개발을 진행하고 있고 시장이 커질수록 더 많은 업체가 미래 에너지인 수소 산업에 뛰어들 전망입니다. 수소 산업은 개념이 정립된 지는 오래됐지만, 화석연료에 비해 경제성이 떨어져서 시장을 형성하지 못했습니다. 하지만 기후변화 대응이 본격화되고 재생에너지만으로는 탈탄소가 불가능하다는 것을 주요 국가들이 인식하면서 재생에너지와 함께 수소 산업을 육성하는 국가들이 점차 늘고 있습니다.

유럽과 미국, 중국, 일본 등 주요 선진국은 수소 경제의 장기 로드맵을 만들어 추진하고 있습니다. 또 세계에서 가장 많은 석유를 생산하고 있는 사우디아라비아는 석유 시대의 종말을 대비해 대규모 자금을 투입해 수소 산업을 육성하고 있고, 원자재 수출 규모가 큰 호주 역시 수소 수출 대국이 되기 위해 정책적으로 노력을 다하고 있습니다. 한국은 수소 경제의 선도국으로 꽤 높은 수준의 기술을 확보하고 있습니다. 수소 산업은 기술적, 경제적으로 가야 할 길이 멀지만 향후 한국의 주요 산업으로 자리매김할 가능성이 큽니다.

이번 장에서는 반도체, 자동차, 배터리, 철강, 조선, 수소 총 6가지 주요 산업의 특성과 전망까지 살펴보았습니다. 앞으로 이 산업들이 어떻게 발전할지, 산업의 발전에 따라 어떤 기업에 주목해야 하는지도 알아보았습니다. 앞으로 어떤 종목에 투자해야 할지 부의 시나리오가 그려지시나요? 여기까지 따라오느라 고생 많으셨습니다. 이 책이 주식 투자의 밑그림을 그리는 데 많은 도움이 되었길 바랍니다. 여러분의 성공 투자를 응원합니다!

주식 초보가 꼭 알아야 할
돈 버는 경제 상식 BEST 10

초판 1쇄 발행 2021년 8월 17일
초판 2쇄 발행 2021년 11월 16일

지은이 권순우
펴낸이 김선준

책임편집 이주영
편집1팀장 마수미
디자인 김세민
마케팅 조아란, 신동빈, 이은정, 유채원, 유준상
경영지원 송현주, 권송이

펴낸곳 (주)콘텐츠그룹 포레스트 **출판등록** 2021년 4월 16일 제2021-000079호
주소 서울시 영등포구 여의대로 108 파크원타워1 28층
전화 02) 332-5855 **팩스** 070) 4170-4865
홈페이지 www.forestbooks.co.kr **이메일** forest@forestbooks.co.kr
종이 (주)월드페이퍼 **출력·인쇄·후가공·제본** 한영문화사

ISBN 979-11-91347-37-1 (03320)

(주)콘텐츠그룹 포레스트는 독자 여러분의 책에 관한 아이디어와 원고 투고를 기다리고 있습니다. 책 출간을 원하시는 분은 이메일 writer@forestbooks.co.kr로 간단한 개요와 취지, 연락처 등을 보내주세요. '독자의 꿈이 이뤄지는 숲, 포레스트'에서 작가의 꿈을 이루세요.